Pierre Franckh

# DER 6 MINUTEN Coach

Finde die **wahre** Liebe!

arkana

MIX
Papier aus verantwortungsvollen Quellen
FSC® C004229

Verlagsgruppe Random House FSC® N001967
Das für dieses Buch verwendete FSC®-zertifizierte Papier *Tauro*
liefert Sappi, Stockstadt.

Originalausgabe

Co-Autorin: Michaela Merten, www.Michaela-Merten.de
Lektorat: Isabella Kortz, www.isabella-kortz.de
Illustrationen: Barbara Liera Schauer, www.derkleineYogi.at
Autorenfoto: © Armin Rosch
Layout: Claudia Sanna, atelier-sanna.com
Satz: Lorenz & Zeller, Inning am Ammersee
Umschlaggestaltung: Uno Werbeagentur, München
Druck und Bindung: Uhl, Radolfzell
Printed in Germany
ISBN 978-3-442-34126-9

**www.arkana-verlag.de**

Pierre Franckh

# DER 6 MINUTEN Coach

Finde die **wahre** Liebe!

arkana

# Inhalt

## III Wie findet die Liebe mich?

# Wie alles begann

Genau genommen war es vor 20 Jahren.
Wenn Michaela jetzt hier wäre, würde sie mir auf die Schulter tippen und sagen: »22 Jahre!« – Frauen sind ja in diesen Dingen so genau.
Aber sie ist ja nicht da. Also: Es begann vor gut 20 Jahren.
Ich war einsam geworden. Ich war traurig. Und hoffnungslos. Ich war verlassen worden. Wieder einmal. Wieder einmal war eine Beziehung gescheitert. Wieder einmal hatte ich es nicht geschafft, eine wahre, tiefe Liebesbeziehung zu führen. Schnelle kurze Affären. Ja, das war alles, was ich zustande brachte. Mein Herz blieb unerfüllt und meine Seele war mehr als unzufrieden mit meinem Werdegang.
Mir begann etwas zu fehlen. Und zwar massiv. Alle beruflichen Erfolge konnten diesen Mangel nicht länger ausgleichen. Kein roter Teppich, über den ich ging, kein Blitzlichtgewitter, keine lobenden Kritiken in den Zeitungen. Auch wenn ich es damals noch nicht benennen konnte. Heute weiß ich es. Es war die Liebe. Es war die Tiefe mit einem anderen Menschen.
Diese Sehnsucht nach einer liebevollen dauerhaften Partnerschaft nahm so zu, dass ich mich damals, vor über 20 Jahren, komplett von der Außenwelt zurückzog, um herauszufinden, wie ich es schaffen könnte, eine wahre und

tiefe Liebesbeziehung zu führen. Ich wollte Antworten. Und ich wusste, dass diese Antworten nur in mir liegen konnten. Aus diesem Grund zog ich mich für viele Wochen in eine Berliner Wohnung zurück und kapselte mich von der Außenwelt ab. Ich wollte auch keine Ablenkung, kein Radio, keinen Fernseher. Ich stellte sogar den Strom ab und begann intensiv nachzudenken. 4 Monate lang. Heute würde man sagen, ich befand mich in Klausur. Oder in Meditation.
Ich begann, mir selbst Fragen zu stellen, und schrieb mir jede Frage, die in mir entstand, auf. Ich hielt auch alle Antworten, die ich in dieser Zeit für mich fand, in einem kleinen Büchlein fest.
Nach 4 Monaten hatte ich viele Antworten gefunden und fing an, danach zu leben.
Ich hatte damals nicht daran gedacht, dies jemals öffentlich zu machen. Erst 15 Jahre später, als immer mehr Menschen mich fragten, wie ich es schaffe, mit Michaela eine so intensive und wundervolle Partnerschaft zu führen, merkte ich, wie groß der Bedarf an funktionierenden Antworten war.

In diesem Buch findest du nun viele der Dinge, die ich damals nur für mich gemacht habe. Zum ersten Mal veröffentliche ich hier einige der Übungen, die seit vielen Jahren das Leben unzähliger Menschen verändern.
Vielleicht verändern sie ja auch deines.
Meines haben sie verändert.

Die Übungen in diesem Buch haben mir geholfen, mich zu dem Menschen zu entwickeln, der seine wahre, tiefe Liebe nicht nur in sein Leben ziehen, sondern diese Liebe auch leben kann.

Die Übungen in diesem Buch nutze ich auch immer wieder gerne in meinen Seminaren und es ist jedes Mal wundervoll, mitansehen zu dürfen, wie sich das Leben von so vielen Menschen zum Positiven verändert.

Dieses Buch kann auch dein Leben verändern.

Warum das so ist, kannst du im Basisband 1 »Erfinde dich neu« nachlesen. (Hier erfährst du zum Beispiel, was alles bei den 6-Minuten-Übungen in unserem Gehirn passiert.)
In diesem zweiten Buch erfährst du, was alles nötig ist, um deine wahre große Liebe zu finden.
Ach ja. Und diese auch zu leben.

Danke, dass du den Mut dazu aufbringst.

Ach, und wenn du glaubst, dass 20 Jahre Partnerschaft nur »Schmetterlinge im Bauch« bedeuten, dann werde ich dich enttäuschen müssen. Wenn du aber glaubst, dass Seelenpartner sich zu Seelenpartnern entwickeln, dann wirst du in diesem Buch alles Wichtige dazu finden.

# Warum 6 Minuten?

Oder: die Sache mit der Beständigkeit.

In den vielen Jahren meiner Tätigkeit als Mentaltrainer habe ich eines erkennen dürfen: Alle langwierigen oder zeitraubenden Übungen werden, auch wenn sie noch so effektiv sind, nicht immer wirklich lange durchgehalten.

Als ich jedoch begann, die Übungen auf das Wesentliche, auf den inneren Kern zu reduzieren, und den Aufbau von emotionalen Automatismen beachtete, wurden die Erfolge wesentlich schneller erreicht und waren auch von dauerhafterer Natur.

Denn 6 Minuten ist die Zeitspanne, die wir gerne und bereitwillig in unseren Alltag integrieren. Und so entwickelte ich viele 6-Minuten-Übungen – manche sind sogar noch kürzer –, die unsere alten, überholten Gewohnheiten verändern und unsere negativen Gedankenstrukturen auf die gewünschte Zielgerade bringen sollen.
Wenn wir unser Leben ändern wollen, benötigen wir Übung und Beständigkeit.

## Erfolgreiches mentales Training setzt Beständigkeit voraus.

Mit unseren Zweifeln und negativen Gedanken sind wir schließlich ebenfalls beständig. Die üben wir auch jeden Tag. Und da jeder Zweifel ebenso pures mentales Training für unser Gehirn ist, nur eben in eine andere Richtung, sollten wir dem etwas entgegensetzen. Und zwar genauso konsequent und beständig. Der Erfolg mit diesen kurzen Übungen ist beeindruckend.

Spielerisch, leicht und voller Freude verändern unsere Seminarteilnehmer nun seit Jahren ihr Leben. Das Bemerkenswerteste dabei ist, dass sie bei der regelmäßigen Umsetzung der 6-Minuten-Übungen berichten, sie könnten nun auch größere Herausforderungen wesentlich leichter und entspannter lösen.

Gewöhne dir jeden Abend eine dieser 6-Minuten-Übungen an – wie mentales Zähneputzen – und dein Leben kann sich vollständig ändern.

Alles ist möglich. Auch in der Liebe. Gerade in der Liebe. Wenn wir uns verändern, verändert sich alles.

# Alles ist ein Ausdruck von Liebe

»Die wahre Liebe zu finden, ist unglaublich schwer, eigentlich so gut wie unmöglich.« »Warum sollte es dir besser gehen als allen anderen?« »Liebe ist eine Illusion.« »Die Liebe endet immer in einer Enttäuschung.«

Solche Sätze hören wir immer und immer wieder. Meist stammen sie von Menschen, die eine unglückliche Liebe hinter sich haben oder bereits lange Zeit Single sind.
In Zeitschriften und Büchern können wir darüber hinaus auch noch lesen, was wir alles tun müssen, damit die wahre Liebe überhaupt zu uns finden kann.
Dabei liegt nichts der Wahrheit ferner. Du musst dir die Liebe nicht verdienen. Du musst nicht besser, größer, schöner oder jünger sein. Auch nicht lebendiger, reicher, klüger, interessanter oder sportlicher.
Wenn du das alles glaubst, wird dir immer und immer wieder etwas fehlen, um der Liebe gerecht zu werden. Du wirst dann nie groß genug, charmant genug, witzig oder reich genug sein.
Wenn du glaubst, der Liebe nicht zu genügen oder nicht wundervoll genug zu sein, sodass ein anderer Mensch dich liebhaben kann, so wie du bist, dann ist dies deine Überzeugung, nach der du dein Leben ausrichtest.

Die Wahrheit ist ganz einfach. Du musst nichts Besonderes machen. Denn die Liebe kann man sich nicht erarbeiten. Die Liebe kann nur entstehen. Und sie entsteht ständig. Genau genommen ist sie bereits bei dir. Jeden Tag, jede Minute.
Denn die Liebe ist unglaublich vielfältig und offenbart sich uns in unendlich vielen verschiedenen Variationen. Nicht immer ist uns dabei bewusst, dass es sich um Liebe handelt.

## Wie zeigt sich uns die Liebe eigentlich?

Jeder von uns kennt natürlich die erotische Liebe, die sich in Form von Sex zeigt. Sex ist nichts anderes als das Bedürfnis des Einsseins mit einem anderen Menschen. Natürlich kennen wir auch die Liebe zwischen zwei Partnern, die sich gefunden haben und deren Verliebtheit aus ihren Gesichtern herausstrahlt.
Aber das ist nur ein kleiner Teil, wie die Liebe sich zeigen kann.
Denn ein zarter Kuss, ein tiefer Blick, ein Lächeln im Vorübergehen können ebenso Ausdruck von Liebe sein. Für viele sind zwei alte Menschen, die alle Höhen und Tiefen erlebt haben und Händchen haltend auf der Parkbank sitzen, ein vollkommenes Zeichen von Liebe.
Aber auch dies ist nur der kleinste Teil, wie sich uns die Liebe offenbart.

Da gibt es die Liebe einer Mutter zu ihren Kindern, die sie umsorgt, auch wenn sie bereits erwachsen und aus dem Haus sind. Oder die Liebe zu den Eltern und den Großeltern. Auch das Mitgefühl, das wir jemandem entgegenbringen, dessen Leben gerade im Chaos steckt, ist eine Erfahrung von Liebe. Oder wenn wir uns mitfreuen, weil jemand anderem etwas gelungen ist.

Liebe zeigt sich im Lächeln auf deinem Gesicht, wenn du zusiehst, wie zwei Kinder spielen. Auch das Hochtragen der Einkäufe für einen alten Menschen ist Ausdruck von Liebe.

> Beobachte dich dabei, wenn du diese Gefühle in deinem Herzen empfindest. Sie sind Ausdruck von purer Liebe. Liebe, die in dir ist.

Sie haben etwas mit der Beziehung zu anderen Menschen zu tun, mit denen wir in Verbindung treten.

Dieses ergreifende Gefühl kannst du nur empfinden, weil es in dir verankert ist. All dies bringt etwas in dir zum Schwingen. Du trittst in Resonanz mit der Liebe.

> Diese Gefühle können nur deshalb in dir geweckt werden, weil sie in dir vorhanden sind.

Auch wenn du jetzt überzeugt davon bist, dass du nicht mehr lieben kannst, du tust es. Immer und immer wieder. Denn ohne das ergreifende Gefühl von Liebe sind wir nicht lebensfähig.

Vielleicht fällt es dir momentan schwer, dich auf die Liebe erneut einzulassen.
Vielleicht sind deine Gefühle unter einem Berg von Schmerz und Verletzungen vergraben.
Vielleicht hast du auch eine Schutzmauer um dich herum errichtet, die von niemandem zu Fall gebracht werden soll oder deine bisherigen Erfahrungen waren so negativ, dass du Angst hast, dich für eine neue Liebesbeziehung zu öffnen.
Vielleicht weißt du auch einfach nur nicht, wie du den richtigen Partner kennenlernen sollst.
Vielleicht ziehst du auch immer wieder die falschen Partner in dein Leben.

> Wie auch immer deine bisherigen Erfahrungen gewesen sein mögen und welche Menschen du bisher in dein Leben gezogen hast, wir haben jederzeit die Chance, die Liebe neu und anders zu erleben.

Denn die wahre Liebe zu finden, ist leichter, als wir denken. Vor allem aber ist es anders, als wir denken.

Daher wird in diesem Buch vielleicht vieles anders sein, als du erwartest. Manche Dinge werden dich vielleicht überraschen. Einiges wirst du vielleicht auch schon kennen.

Es gibt Übungen, deren Ausführung du vielleicht für unmöglich hältst, bei anderen Übungen wird dein Verstand dir vielleicht weismachen wollen, dass sie viel zu leicht sind oder dass du sie gar nicht nötig hast.
All das kann sehr gut sein, denn in diesem Buch geht es einzig und allein darum, wie du die wahre Liebe findest.
Und um das möglich zu machen, werden wir Dinge tun, die dich auf eine neue, andere, vielleicht unbekannte Ebene heben werden.

Wir werden in diesem Buch natürlich auch sehr intensiv an der Fähigkeit arbeiten, dich selbst schätzen und lieben zu lernen.

Einen liebevollen Partner zu finden, ist einfacher, als du im Moment denkst. Denn Suchende gibt es zu Tausenden. Auch die wahre Liebe, Geborgenheit und Harmonie, Anerkennung und tiefe Verbundenheit zu finden, ist einfach.

Wie das geht, werden wir uns in diesem Buch genauer ansehen.

# In diesem Buch behandeln wir 3 Grundthemen:

**1. Was ist Liebe für dich?**
Wir wollen herausfinden, was Liebe überhaupt für dich ist. Wenn du nicht weißt, was die Liebe für dich ist, wirst du in Partnerschaften immer etwas anderes erleben, als du möchtest.

**2. Welche Liebe willst du leben?**
Wir gehen auf die Suche, wie deine ideale Partnerschaft aussehen könnte. Und zwar wirklich deine und nicht eine Partnerschaft, die andere von dir erwarten.

**3. Wie findet dich die wahre Liebe?**
Wir werden Möglichkeiten schaffen, damit du von der wahren Liebe überhaupt gesehen werden kannst.
Außerdem werden wir uns Schritt für Schritt wieder für eine wahre Liebesbeziehung öffnen. Da die Liebe bereits in dir vorhanden ist, ist es ein Leichtes, dich wieder mit dieser Fähigkeit zu verbinden.

Alle 6-Minuten-Übungen zielen nur darauf ab, dir dabei zu helfen …

… zu verstehen, was dich in einer Partnerschaft erwartet,
… dich sichtbar für die wahre Liebe zu machen,
… dich für die wahre Liebe wieder zu öffnen.

Die wahre Liebe zu finden ist leicht,
sie zu halten eine kleine Kunst.

In diesem Buch wollen wir uns zum einen auf den Weg machen, die Liebe in unserem Leben wieder zuzulassen.
Es gibt daher viele Übungen, die dir helfen, dich für die wahre Liebe zu öffnen. Aber es gibt auch ebenso viele Übungen, die dich verstehen lassen, wie wundervoll es ist, diese Liebe auch zu bewahren.

Und das Beste daran: Am Ende des Buches müssen wir nicht einmal zu suchen beginnen. Wir lassen uns finden.

Wenn wir mental richtig eingestellt sind,
dann findet die wahre Liebe uns.

# Was schenkt das größte Vertrauen?

Bevor wir beginnen, möchte ich dir eine Frage stellen. Die Antwort auf diese Frage hat bereits den Blickwinkel von vielen, vielen Menschen verändert.
Es geht um die grundlegendste Beziehungsfrage:
Was schenkt in einer Beziehung das größte Vertrauen?
Auf meiner letzten Deutschlandtour habe ich den Zuschauern diese ziemlich einfache Frage gestellt.

Kurz zuvor hatte ich in einer Untersuchung gelesen, was Paare brauchen, um sich dem Partner nah und verbunden zu fühlen. Es ging vor allem um einen ganz bestimmten Satz, den man sich gegenseitig schenken sollte. Denn durch diesen Satz würde man größtmögliche Nähe und Anerkennung erzeugen.

> Es gibt also ganz offensichtlich einen bestimmten Satz, den Partner am liebsten hören und der das Vertrauen in die Partnerschaft wieder weckt.

Ich stellte meinen Zuschauern also die gleiche Frage: »Welcher Satz schenkt dem Partner das größte Vertrauen?«

Anschließend habe ich sie gebeten, ihre Antworten auf kleinen Zetteln aufzuschreiben und diese bei mir vorne auf der Bühne abzugeben. Mein Team sammelte diese Zettel ein und ordnete sie nach Kategorien.
Ganz interessant war, dass die gesuchte Antwort kein einziges Mal dabei war. In keiner der 17 besuchten Städte.

Ich werde sie dir auch jetzt noch nicht sagen, erst lade ich dich ein, selbst nach dieser Antwort zu suchen ...

# Übung: Was schenkt das größte Vertrauen?

Minute 1–6

Schreibe in dieser Liste alle Sätze auf, von denen du annimmst, dass sie in einer Partnerschaft das größte Vertrauen hervorrufen können.

Überlege auch, was dir die größte Sicherheit versprechen würde.

Welcher Satz müsste es sein, damit du dich anerkannt und geachtet fühlst?

*Mein Tipp*

Bitte blättere nicht sofort nach hinten zur Auflösung. Denn du wirst feststellen, dass du im Laufe des Buches immer wieder zu dieser Seite zurückkommen und die Liste vervollständigen wirst.

Auf meiner Tour war es jedenfalls so, dass jeder nach der Auflösung mit dem Kopf nickte und dem Satz zustimmte. Denn: Jeder von uns möchte diesen Satz gerne hören.

Aber auch deine anderen Sätze sind interessant. Denn sie sagen ganz viel darüber aus, wohin deine Sehnsucht geht.

# Die 5 Phasen der Liebe in einer Beziehung

Mit Sicherheit hast du die gleiche Sehnsucht wie fast jeder von uns: die Sehnsucht nach einem Seelenpartner – dem besonderen Menschen, der einen auf allen Ebenen versteht und zu hundert Prozent loyal ist.
Oftmals glauben wir auch, ihn gefunden zu haben. Wir sind dann über beide Ohren verliebt, über alle Grenzen glücklich und sind natürlich sicher, dass es für immer so bleiben wird. Aber eine Beziehung ist ein sich ständig verändernder Prozess. Ebenso wie wir uns über die Jahre weiterentwickeln, so verändert sich auch eine Partnerschaft.

> Jede Partnerschaft durchläuft die gleichen Phasen. Jede. Gleichgültig, ob wir reich oder arm, berühmt oder unbekannt sind.

Da jede Partnerschaft immer den gleichen Gesetzmäßigkeiten unterliegt, wird es auch bei deiner nächsten Partnerschaft, die du eingehen wirst, ganz ähnlich ablaufen. Es wäre vielleicht schon mal im Vorfeld ganz gut zu wissen, was denn da auf dich zukommt. Ob es sich um die wahre, tiefe Liebesbeziehung handelt, weißt du erst am Ende der 5 Phasen.

Der bekannte Paartherapeut Roland Weber[1] hat diese Veränderungsprozesse in 5 Beziehungsphasen eingeteilt. Die ersten beiden Phasen kennen wir alle. Und trotzdem sind wir immer wieder überrascht, dass sie sich bei jeder neuen Beziehung genau gleich abspielen.
Und nein, leider, überspringen können wir keine einzige dieser Phasen. Und nein, ebenfalls leider, wir können auch nicht die wunderbare erste Verliebtheitsphase für immer aufrechterhalten.

Eigentlich ist dies das größte Missverständnis in der Liebe, dass wir glauben, dass die Verliebtheitsphase zu Beginn einer Beziehung immer gleich bleiben und natürlich jahrelang anhalten wird.
Es ist außerdem ein Irrtum, zu glauben, dass – wenn diese Verliebtheitsphase abflaut – die Liebe irgendwie weggegangen ist. Nichts kann der Wahrheit ferner liegen. Die Wahrheit ist: Erst wenn die Verliebtheitsphase vorbei ist, beginnt die Liebe.

Wir wollen das natürlich nicht wahrhaben. Wir mögen diese romantische – durch Filme begünstigte – Vorstellung von der Liebe. Und an der wollen wir festhalten.
Dabei geht es nach dem »Happy End« nicht nur weiter, sondern überhaupt erst los – und wer sich zu früh trennt, wird die wahre Liebe nie erleben können.

## 1. Die Verliebtheitsphase

Wie alles in der Liebe, beginnt es mit der Verzauberung.
Diese Phase währt jedoch verhältnismäßig kurz. Sie ist aufregend, die Sinne flirren, man hat »Schmetterlinge im Bauch« und man stellt sich vollkommen auf die neue Begegnung ein.
Wir sehen die Welt durch eine rosarote Brille und schweben auf Wolke sieben. Alles ist einfach nur noch schön.
Wir haben unendlich viel Energie, sind voller Vorfreude auf das nächste Treffen, können es gar nicht mehr erwarten, den geliebten Menschen wieder im Arm und im Bett zu haben. Wir sind sinnlich inspiriert und denken Tag und Nacht nur an den Partner oder die Partnerin. Allein wenn wir an ihn oder sie denken, beginnen wir zu lächeln.
Und natürlich glauben wir in dieser Phase, es würde für immer so weitergehen. In dieser Phase ist unser Partner/ unsere Partnerin fast vollkommen – und wir auch für ihn oder sie. Wir sehen nur das Wundervolle am anderen und können nicht eine einzige Schattenseite erkennen. Wir sind sozusagen *liebesblind.*

Diese Phase ist sehr wesentlich für die Stabilität einer Partnerschaft. Wir wachsen zusammen.
Aber leider bleibt es nicht so. Nach ungefähr 3 bis 18 Monaten ist diese Anfangsphase vorbei – und für viele auch die Beziehung.

Wer jedoch an diesem Punkt bereits aussteigt, wird die wahre Qualität, die in dieser Beziehung möglich gewesen wäre, nie kennenlernen. Man bringt sich auch selbst um viele Entwicklungsmöglichkeiten.
Natürlich verfällt man in Panik, wenn die Schmetterlinge verschwunden sind, aber genau dies ist der Moment, von dem man sich nicht abschrecken lassen sollte, denn am Ende des Weges steht die wahre, tiefe Liebesbeziehung. Es lohnt sich also, weiterzumachen ... auch wenn die zweite Phase dir nicht gefallen wird.

**2. Der Verliebtheitsnebel lichtet sich**
Die Enttäuschung ist perfekt. In dieser Stufe nehmen wir die rosarote Brille ab. Plötzlich sehen wir uns den Partner genauer an und stellen Dinge fest, die wir vorher nicht wahrgenommen haben.
Jegliche Projektionen fallen von uns ab. Und wir beginnen nun, an unserem Partner immer mehr Eigenschaften zu entdecken, die uns nicht gefallen.
Wir bemerken, dass es doch tatsächlich Unterschiede gibt, und wundern uns, wie wir uns so haben täuschen können. Wir sehen zwar noch das Verbindende – aber wir erkennen jetzt auch das Trennende. Kritik zu üben, fällt in dieser Phase leicht und wird auch großzügig und gerne ausgeübt. Die Liebe steht auf dem Prüfstand. Haben wir bis zu diesem Zeitpunkt geglaubt, wir könnten uns glücklich schätzen,

diesen Partner gefunden zu haben, so glauben wir jetzt, unser Partner könne sich glücklich schätzen, uns gefunden zu haben.

**In dieser Phase trennen sich die Paare meistens.** Das ist wirklich schade, denn zu diesem Zeitpunkt haben wir noch gar keine Ahnung, wie es ausgehen könnte. Denn ob man gut zusammenpasst, weiß man erst nach 3 bis 4 Jahren.

In dieser Phase sollten wir uns bewusst machen, dass unsere Beziehung nur Bestand haben kann, wenn beide akzeptieren, dass es diese anfänglichen »Schmetterlinge im Bauch« nicht mehr geben wird.
In der zweiten Phase glauben wir oft, dass die Liebe gegangen sei. Die Wahrheit aber ist, erst wenn die Verliebtheitsphase vorbei ist, beginnt die Liebe. Erst jetzt beginnen wir, unseren Partner genauer zu betrachten und wirklich zu sehen.
Die Liebe kann nun durch die eigene Persönlichkeitsentwicklung wachsen.

**3. Die Gegensätze werden bekämpft**
Die dritte Phase ist nicht gerade besser. Sie ist mehr als mühsam. Beide überlegen, ob nicht eine Trennung das Beste wäre. Man verstrickt sich in Macht-, Revier- oder Konkurrenzkämpfen. Keiner will klein beigeben und jeder will das letzte Wort haben.

Wenn man sich nicht bereits in der zweiten Phase getrennt hat, so glaubt man, dies jetzt aber unbedingt tun zu müssen.

**In dieser Phase gibt es den häufigsten Beziehungsabbruch.** Keiner von beiden ist fähig, über die Enttäuschung hinwegzukommen und den Partner so anzunehmen, wie er ist.

Waren wir bisher überzeugt, den richtigen Partner gefunden zu haben, sind wir uns nun sicher, diesmal den absolut falschen Partner erwischt zu haben.
Wenn wir diese Phase überstehen, haben beide die Chance, durch und mit der Partnerschaft über sich selbst hinauszuwachsen und die Beziehung auf eine höhere Ebene zu heben.

Am Ende dieser Phase ist etwas sehr Wesentliches geschehen. Wir können den Partner so akzeptieren, wie er ist.

**4. So bist du also!**
Spätestens zu diesem Zeitpunkt weiß jeder von beiden, wie der andere beschaffen ist. Die Kämpfe sind vorbei und man setzt die Kräfte für die eigene Persönlichkeitsentwicklung ein. Man sieht sich zwar als Paar, aber man versucht auch, genügend Raum für sich selbst zu finden. Man treibt die eigene Entwicklung wieder stärker voran, ohne den Zusammenhalt aus dem Auge zu lassen. Diese Balance zu finden, ist

nicht immer leicht. Wir versuchen, ein Gleichgewicht zwischen dem »Ich«, dem »Du« und dem »Wir« zu finden. Das Interesse am Partner wächst wieder und man lernt viele Seiten neu kennen. Vor allem fördert man auch die Eigenentwicklung des Partners. Er ist eigenständig und gehört dennoch zu uns.

**5. Zu Hause im anderen**

Endlich! Beide spüren wieder die Nähe und Anziehungskraft zueinander und die Partnerschaft beginnt wieder intensiver zu werden. Jetzt hat die Beziehung alle Höhen und Tiefen durchschritten und beide haben sich ganz authentisch mit allen Ebenen ihres Charakters offenbart.

Man kennt sich. Man weiß, was man aneinander hat. Viele Krisen wurden gemeinsam gemeistert. Man kennt die Stärken und Schwächen des anderen und hat gelernt, damit umzugehen. Hier darf die wahre Liebe – ohne Masken, Projektionen und Täuschungen – einziehen. Hier ist sie wahrhaftig zu Hause.

Jetzt, da alle Kämpfe ausgefochten sind, kann die Partnerschaft verstärkt nach außen wirken. Man setzt sich gemeinsam für Dinge ein, findet neue gemeinsame Ziele und schenkt der Partnerschaft einen tieferen Sinn.

Die Beziehung wird nun nach den individuellen Regeln, die jede Partnerschaft für sich bestimmt, geformt.

Man erkennt im anderen nicht nur den idealen Partner, sondern man weiß, dass man sich nun in einer wahren, tiefen Liebesbeziehung befindet.

Leider wird diese letzte Phase immer seltener erreicht. Aber dies wollen wir ja jetzt ändern.
Interessant ist nun, welche Phasen der Liebe dir bisher vertraut sind. Da jede Partnerschaft diese 5 Phasen durchläuft, wollen wir doch einmal kurz betrachten, in welcher Phase deine bisherigen Beziehungen auseinandergingen.
Geh doch einmal in Gedanken deine bisherigen Partnerschaften durch und schaue dir an, in welcher Phase du jeweils ausgestiegen bist oder die Partnerschaft beendet wurde. Wie weit bist du mit deinen Beziehungen gekommen? War es immer die gleiche Phase, in der du dich getrennt hast, oder waren es verschiedene? Oder fand die Trennung vielleicht sogar immer am gleichen Punkt statt?

Diese 5 Phasen macht jede Beziehung durch. Wir können sie nicht abkürzen. Aber mitunter ist es sehr motivierend und ermutigend zu wissen, in welcher Phase man gerade steckt.
Denn wir sind nicht allein. Allen geht es so, die sich auf das wundervolle Abenteuer der Liebe einlassen. Und jede einzelne Phase ist ein Schritt weiter auf dem Weg zur wahren, großen Liebe.

Oftmals glauben wir, dass wir in einer unüberwindbaren Krise stecken. Die Wahrheit jedoch ist, dass jede Partnerschaft ganz ähnliche Formen von Krisen durchläuft. Jede hat ihre ganz eigene Bedeutung und Sinnhaftigkeit. Jede überwundene Krise stärkt die Partnerschaft und lässt ein Paar erst richtig zusammenwachsen. Krisen sind also wesentlich. Es gibt keine Partnerschaft ohne Krisen. Viele Themen dieser Krisen mögen uns bekannt vorkommen. Mit einigen sind wir durchaus vertraut und haben sie auf ganz ähnliche oder sogar identische Weise mit anderen Partnern bereits erlebt.

Nachdem alle deine Ex-Partner oder Ex-Partnerinnen sich untereinander nicht kannten, sich also nicht absprechen konnten, dir aber dennoch immer wieder Ähnliches widerfährt, scheint etwas in dir genau solche Krisen zu suchen und auszulösen. Jede Krise hat also sehr viel mit uns selbst zu tun, auch wenn wir die Ursache gerne beim Partner sehen. Genau genommen suchen wir unseren Partner auch nach diesem Krisenpotenzial aus. Wir wollen jemanden, mit dem wir genau diese Thematik ausleben können.

Wenn wir nun wüssten, warum wir bestimmte Krisen immer und immer wiederholen, dann könnten wir künftig wesentlich bewusster und leichter damit umgehen und so einige Krisen sogar völlig auslassen. Und genau dieser Frage wollen wir uns nun im nächsten Abschnitt dieses Buches widmen.

# Was ist Liebe für mich?

Liebe ist nicht wie du vergisst,
sondern wie du vergibst.

Liebe ist nicht wie du zuhörst,
sondern wie du verstehst.

Liebe ist nicht was du siehst,
sondern was du fühlst.

Liebe ist nicht wie du loslässt,
sondern wie du festhältst.

Was ist Liebe für dich?

# Was erwartest du Positives von der Liebe?

Auch wenn jeder von uns die 5 Phasen einer Partnerschaft durchläuft, so gestaltet sich dennoch jede Beziehung vollkommen unterschiedlich.
Denn natürlich hat jeder von uns ganz bestimmte Vorstellungen von der Liebe und der Art, wie er seine Partnerschaft gerne führen möchte.
Wir könnten auch sagen, wir suchen einen Partner, der genau unseren Erwartungen entspricht.
Wollen wir also herausfinden, wie dein künftiger Partner gestrickt sein soll, brauchen wir nur der Frage nachzugehen, was du von der Liebe erwartest.

Bevor du nun weiterliest, wollen wir uns also einmal anschauen, wie dein ganz persönlicher Blickwinkel auf die Liebe ausgerichtet ist. Wir machen also so etwas wie eine Bestandsaufnahme.

Es sollte dich auch nicht wundern, wenn diese Frage etwas überraschend für dich ist. Denn obwohl wir doch augenscheinlich so genau wissen, was wir wollen, sind wir noch nie so konkret mit dieser Frage konfrontiert worden.

# Übung: Was erwartest du Positives von der Liebe?

Liebe ist für mich …

Minute 1–5

Schreibe nun hier links in dieser Liste auf, was du alles von der Liebe erwartest.
Wonach sehnst du dich?
Was möchtest du dort alles erleben?
Wie soll sie für dich sein?
Was soll sie darstellen?
Was soll sie dir erfüllen?
Sei so genau und ausführlich wie möglich. Auch kleine Details können wesentlich sein.

Minute 6

Lies deine Aufstellung erneut durch. Vielleicht möchtest du noch etwas hinzufügen?

### *Mein Tipp*

Stelle dir die Frage »Was erwarte ich Positives von der Liebe?«, sooft es geht. Je öfter du dich damit beschäftigst, desto klarer definierst du für dich, was du willst.

Außerdem macht es Spaß, all die wundervollen Aspekte der Liebe, all die freudigen Erwartungen aus uns herauszukitzeln. Diese Übung ist uns bestimmt leichtgefallen. Wahrscheinlich haben wir schon oft davon geträumt, wie es wäre, wenn wir die Liebe auf diese Weise erleben dürften.

Diesen Sehnsüchten nachzugehen, ist für die Erfüllung unserer Wünsche wesentlich und wichtig, denn je öfter wir in diese Vorstellungskraft gehen, desto deutlicher werden uns unsere eigenen Ziele.
Wir sollten aber wissen, dass alle diese Erwartungen immer nur unserer Idealvorstellung von einer Partnerschaft entsprechen.
Denn wenn du dich danach sehnst, können wir davon ausgehen, dass du vieles davon im Moment nicht erlebst.
Viele deiner Erwartungen werden also nicht erfüllt. Und das hat einen Grund.

Lass uns doch einmal nachsehen, woran das liegen könnte …

# Was erwartest du Negatives von der Liebe?

Nun wissen wir also, welche Wunder wir in der Liebe erwarten. Nicht immer ist unsere Erwartung aber nur positiver Natur. Obwohl wir uns nach der wahren Liebe sehnen, hegen wir oftmals auch starke Befürchtungen.
Häufig trauen wir der Liebe nicht mehr. Zu oft wurden wir verletzt.
Oder wir haben Sorge, es könnte zu schön werden und wir würden dann einen erneuten Verlust nicht verkraften. Diese Angst vor Liebesverlust blockiert uns manchmal so sehr, dass wir uns vor einer neuen Liebe verschließen.
Oftmals sind wir also – tief in unserem Inneren – zu einer wahren, tiefen Liebesbeziehung nicht mehr wirklich bereit. Wir sehnen uns zwar danach, aber gleichzeitig schließen wir unseren emotionalen Mantel und bauen unbewusst einen Schutzwall um uns auf.
In Wahrheit wollen wir dann gar nicht, dass uns jemand zu nahekommt. Diese Schutzhaltung ist uns meistens gar nicht mehr bewusst.

Aber dennoch: Jede Erwartung besitzt das Potenzial, sich zu erfüllen. Ängste und Befürchtungen sind solche Erwartungen.

# Übung: Was erwartest du Negatives von der Liebe?

Liebe ist für mich ...

Minute 1–5

Schreibe in dieser Liste auf, was du Negatives von der Liebe erwartest.
Was befürchtest du?
Was willst du nie wieder erleben?
Was passiert dir nie wieder?
Welchen Kummer möchtest du nicht mehr erfahren?
Welche Tränen nicht mehr weinen?
Auf welche Überraschungen möchtest du gerne verzichten?
Es kann ebenso sein, dass du wütend bist oder traurig oder mutlos. Auch dahinter verbergen sich unbewusste Erwartungen.
Dann notiere dir zudem, warum du außerdem noch wütend oder traurig bist.
Vielleicht ist etwas in deinem direkten Umfeld geschehen, das dich beeinflusst und dir insgeheim gesagt hat, lieber vorsichtig zu sein.
Vielleicht bist du auch vorsichtig, weil es für dich ein typisches Rollenverhalten gibt. »Männer und Frauen sind halt so.«

Minute 6

Lies deine Aufstellung erneut durch. Fehlt noch etwas?

### *Mein Tipp*

Es kann sehr hilfreich sein, einmal zu betrachten, ob die negativen oder die positiven Erwartungen überwiegen.
Je öfter du dich mit diesen beiden Listen beschäftigst, desto klarer definierst du für dich, was du willst und was du nicht willst.
Richte aber dein Augenmerk hauptsächlich auf die Dinge, die du in deinem Leben haben möchtest.
Denn die Energie folgt der Aufmerksamkeit – das, womit du dich am meisten beschäftigst, wird einen wichtigen Platz in deinem Leben einnehmen.
Also: Was soll hauptsächlich in deinem Leben geschehen? Das Positive ? Oder das Negative?

# Was hast du bisher von der Liebe erfahren?

Nun kennen wir unsere Erwartungen und unsere Befürchtungen. Im nächsten Schritt wollen wir noch ein bisschen konkreter werden. Wir machen eine kleine Bestandsaufnahme deiner bisherigen Beziehungen.

Zu diesem Zweck gehen wir ein bisschen zurück in deiner Erinnerung …

Erinnere dich an deine erste Liebe. Das ist vielleicht schon lange her. Dennoch wirst du noch so einiges darüber wissen. Die Frage dreht sich nicht darum, mit wem du den ersten Sex hattest oder den ersten Kuss, sondern es geht um die Zeit, als du das erste Mal so richtig Hals über Kopf verliebt warst.
In dieser Zeit wurden viele Weichen für die künftigen Partnerschaften gestellt.
Wir wollen aber nicht bei der ersten Liebe stehen bleiben, sondern uns auch an weitere Partnerschaften erinnern, die wir bisher eingegangen sind.
Denn jede dieser Partnerschaften hat Spuren hinterlassen. Sehr oft sind es Spuren, denen wir noch heute folgen.
Und nicht immer sind diese Spuren wirklich hilfreich.

## Übung: Was hast du bisher von der Liebe erfahren?

...............................................................................................

...............................................................................................

...............................................................................................

...............................................................................................

...............................................................................................

...............................................................................................

...............................................................................................

...............................................................................................

...............................................................................................

...............................................................................................

...............................................................................................

...............................................................................................

...............................................................................................

...............................................................................................

...............................................................................................

### Minute 1–5

Gehe bitte folgenden Fragen nach und notiere dir deine Antworten auf der gegenüberliegenden Seite.

Von meiner ersten Liebe habe ich Folgendes gelernt …

Was hat mir wehgetan?

Was hat mir gefallen?

Was habe ich für meine weiteren Beziehungen mitgenommen?

Was möchte ich wieder erleben?

Was war angenehm? Was war wunderschön? Was war außergewöhnlich?

Woran denke ich noch heute gerne zurück?

Beantworte diese Fragen auch für alle anderen bisherigen Beziehungen.

Konzentriere dich jetzt nur auf die wichtigsten Punkte, die dir als Erstes eingefallen sind.

Beantworte auch die Frage, was dir noch heute leidtut oder was dich noch heute schmerzt.

### Minute 6

Betrachte noch einmal deine Notizen in aller Ruhe. Hast du etwas Wesentliches vergessen?

Falls dir in den nächsten Tagen noch mehr einfällt, kannst du jederzeit zu dieser Liste zurückkommen und sie vervollständigen.

*Mein Tipp*

Wenn wir einmal die Liste mit unseren Erwartungen und Befürchtungen betrachten, wird uns vielleicht noch etwas auffallen.
So manche unserer Erwartungen haben wir sicherlich auch schon in der einen oder anderen Partnerschaft genießen dürfen. Vielleicht haben wir wunderschöne Dinge erfahren dürfen, die wir nie wieder mit anderen Partnern erlebt haben und die wir noch heute vermissen.
Mit Sicherheit werden wir aber ebenso festgestellt haben, dass ein Großteil unserer Erwartungen unerfüllt geblieben ist.
Betrachten wir nun auch noch die Liste unserer Befürchtungen, dann werden wir wahrscheinlich feststellen, dass ebenfalls ein Großteil unserer Befürchtungen in unserem Leben eingetroffen ist.

Und damit kommen wir zum eigentlichen Punkt. Unsere Erwartungen und Befürchtungen haben einen Ursprung. Sie sind entstanden. Entstehen konnten sie nur durch Erfahrungen, die wir gemacht haben.

Was wir von der Liebe erwarten, hat also ganz viel damit zu tun, wie unser Umfeld gebaut ist.

# In einer Partnerschaft sind wir nie mit unserem Partner allein

Wir haben eine feste Vorstellung von der Liebe. Wir haben Hoffnungen und auch so manche Befürchtung.
Aber sind das wirklich unsere ganz eigenen Hoffnungen und Befürchtungen?
Auch wenn wir glauben, dass wir die nächste Partnerschaft ganz von vorne beginnen können, ganz unschuldig und rein, also ohne jegliche Vorbehalte, wird dies so nicht stattfinden. Wir sind kein unbeschriebenes Blatt.
Und wir sind schon gar nicht mit unserem Partner alleine. In unserer trauten Zweisamkeit tummeln sich noch viele andere Menschen. Auch wenn wir sie zunächst nicht wahrnehmen. Dennoch finden wir in einer Beziehung unzählige Meinungen und Überzeugungen. Und die meisten von ihnen stammen nicht einmal von uns. Wir haben sie nur übernommen und als gültige Wahrheit für uns angenommen.

In jeder Partnerschaft finden wir auch die Überzeugungen unserer Eltern, Geschwister, Onkel und Tanten wieder. Aber auch die Moral und die Meinungen der Kirche, unserer Lehrer, sogar die des Fernsehens und natürlich die unserer

Freunde. Und zu guter Letzt auch die Erfahrungen mit unseren vorherigen Partnern.

Wir haben vorgefasste Meinungen zur Treue, zur Sexualität, zur Rolle der Frau in einer Partnerschaft und zu den Aufgaben des Mannes in einer Beziehung. Natürlich auch zur Kindererziehung, zur Verrichtung der Hausarbeit, zur Einrichtung und zur Freizeitgestaltung.

> Wir haben bereits zu Beginn einer Partnerschaft eine fest gestimmte Moral und eine genaue Vorstellung davon, was erlaubt ist und was nicht.

All diese Überzeugungen und Meinungen sind weder richtig noch falsch. Sie sind einfach nur *für dich* gültig. Aber eben nur für dich. Andere Menschen können ganz andere Auffassungen vom Zusammenleben zweier Menschen haben. Aber auch du könntest eine ganz andere Auffassung von einer Partnerschaft haben.
Es gibt unzählige verschiedene Möglichkeiten.

Wir alle haben Grenzen und Tabus. Aber bist du sicher, dass das wirklich diejenigen sind, die du in deiner Partnerschaft haben willst? Vielleicht würdest du gerne wesentlich mehr erleben oder etwas anderes – und dich nur zu gerne von alten Grenzen befreien, aber du traust dich nicht. Vielleicht auch, weil du es (noch) nicht anders kennst. Oder niemanden enttäuschen möchtest.

> Wenn du dich nicht traust, dein Leben zu leben,
> lebst du das Leben anderer.

Wie finden wir nun heraus, welche Überzeugungen wirklich die unseren sind?
Und vor allem welche davon uns nützen und welche davon uns eher in unserer Persönlichkeit behindern?
Um darüber mehr zu erfahren, ist es sehr interessant, sich einmal anzuschauen, von welchen Menschen wir denn nun am meisten für unsere Paarbeziehung übernommen haben.

# Wie war die Ehe deiner Eltern?

Dies ist natürlich eine Frage, mit der wir uns nicht so gerne beschäftigen. Denn für die meisten Menschen war die Ehe der Eltern nicht gerade das, was wir als vorbildlich bezeichnen würden.

Und dennoch: Die moderne Psychologie weiß längst, dass wir druch Vorbilder lernen. Wir kopieren sie, wir ahmen sie nach und übernehmen – für unser weiteres Leben – Verhaltensweisen von ihnen. Natürlich auch alles, was mit Partnerschaft zu tun hat.

Die erste und intensivste Beziehung, die wir als Kind vorgelebt bekommen haben und hautnah miterleben durften, war natürlich die Ehe unserer Eltern. Unsere Eltern waren unsere ersten und intensivsten Vorbilder, an denen wir uns – noch heute – in allen Bereichen orientieren.

> So wie unsere Eltern als Paar miteinander umgegangen sind haben wir gelernt, wie eine Partnerschaft abzulaufen hat.

Je nachdem, ob die Eltern Zärtlichkeit vor den Kindern gezeigt haben, ob das Thema Sexualität angenehm oder unangenehm für sie war, ob sie gestritten oder alles unter den Teppich gekehrt haben …

Ebenso welche Moral sie vorgelebt haben, wer für welche Aufgaben zuständig war, wie das Männer- und Frauenbild vorgelebt wurden und wer das Sagen in der Familie hatte – das alles und noch viel mehr war vorgelebte Wahrheit für uns. »So und nicht anders laufen Paarbeziehungen ab«, erfuhren wir.

Aber das ist noch nicht alles. Wir lernen Verhaltensweisen nicht nur durch Nachahmen, sondern wir nutzen auch die Eltern als »Probepartner« für die spätere Liebesbeziehung.

»Für dieses Rollenlernen – wie man sich später als Frau oder als Mann verhält –, gucken wir uns nicht nur vom gleichgeschlechtlichen Elternteil etwas ab.«[2]
Wir gehen noch viel weiter. Wir üben bereits.
»Töchter üben ihre Rolle im Umgang mit dem Vater, Söhne proben mit der Mutter, wie ein »Mann« sich gibt.«[3]

Die moderne Psychologie geht davon aus, dass sogar die Partnerwahl »[…] durch die Herkunftsfamilien mitbestimmt wird. Danach verlieben sich Töchter in solche Männer, die ihren Vätern ähneln, und Söhne wählen Frauen als Partnerinnen, die sie an die eigene Mutter erinnern.«[4]

Wir verlieben uns also in Menschen, die unserem gegengeschlechtlichen Elternteil ähneln.

»Diese Partnerwahleffekte fallen unterschiedlich aus: Frauen wählen einen Mann, der sich in Konflikten so ähnlich verhält wie ihr Vater; Männer verlieben sich in Frauen, die einen ähnlichen Stil beim Problemlösen zeigen wie ihre Mutter.«[5]

Dies ist wichtig für uns zu wissen, denn, auch wenn wir glauben, freiwillig und unabhängig entscheiden zu können, so ahmen wir in ganz vielen Dingen noch heute die vorgelebte Paarbeziehung unserer Eltern nach. Dies geschieht meist völlig unbewusst.

> Das Gute ist nun, dass es für die elterliche Vorgabe keinen Wiederholungszwang gibt.

Der Psychologe Markus Schaer kommt zu der Überzeugung: »Paare sind eigenständige Gestalter ihres Entwicklungsprozesses.«[7]

Wir können uns also von allen Vorgaben, die wir aus unserer Vergangenheit mitgenommen haben, lösen. Dazu müssen wir jedoch wissen, welche Dinge wir noch heute von der vorgelebten Paarbeziehung unserer Eltern nachahmen.

## Übung: Wie war die Ehe meiner Eltern?

..................................................................................................................

..................................................................................................................

..................................................................................................................

..................................................................................................................

..................................................................................................................

..................................................................................................................

..................................................................................................................

..................................................................................................................

..................................................................................................................

..................................................................................................................

..................................................................................................................

..................................................................................................................

..................................................................................................................

..................................................................................................................

..................................................................................................................

Minute 1–5

Beantworte folgende Fragen und schreibe die Antworten auf der linken Seite auf:

Wie sind deine Eltern miteinander umgegangen?

Hatte jeder Zeit für sich?

Haben sie sich vor deinen Augen in den Arm genommen und Zärtlichkeiten ausgetauscht?

Hatten deine Eltern eine Nähe oder Distanz zueinander?

Sind sie »wegen der Kinder« zusammengeblieben?

Wurde vor dir gestritten?

Gab es Streit wegen Geld?

Wegen der Kindererziehung?

Wegen Untreue?

Gab es Eifersuchtsdramen?

Gab es strenge Regeln?

Gab es Familienrituale?

Habt ihr viel gemeinsam unternommen?

Gab es Machtkämpfe?

Minute 6

Lies deine Auflistung aufmerksam durch und werde dir bewusst, welche dieser Regeln du übernommen hast.

### *Mein Tipp*

Es kann sein, dass verschiedene Emotionen in dieser Betrachtung hochkommen. Lass sie einfach zu – bewerte sie nicht. Beobachte sie, als ob du eine entfernte Situation beobachten würdest – distanziert und doch teilhabend. Durch diesen mentalen Trick kannst du die Lage besser für dich einschätzen und deine Emotionen überwältigen dich nicht. Denn diesmal hast du die Wahl, jederzeit aus den vorgelebten Mustern auszusteigen.

Noch prägen deine Eltern durch ihr Verhalten deinen Begriff von Liebe, Partnerschaft, Problembewältigung und Sexualität. Wenn du das erkennst und akzeptierst, dann kannst du bewusst den antrainierten Mechanismen entgegensteuern und eine authentische Liebesbeziehung entwickeln, die deiner wahren Persönlichkeit entspricht.

**Diese Übung kannst du auch auf folgende Fragen ausweiten:** Wie war die Kommunikation in der Familie? Wie wurde mit Trauer und Verlust umgegangen? Gab es Familiengeheimnisse? Gab es als Strafe Liebesentzug? Gab es gerechte – oder ungerechte – Verteilung von Liebe? Wer war das »schwarze Schaf«? Wie wurde mit Strafe umgegangen? Wurde viel geschrien oder geschimpft?

# Was wirkt noch heute in mir?

Jetzt wissen wir also, dass all das, was unsere Eltern uns vorgelebt haben, noch heute sehr intensiv in uns wirken und unsere Partnerschaften beeinflussen kann.
Um aus diesen alten Prägungen aussteigen zu können, ist es sehr wichtig, sich immer wieder zu fragen: »Beeinflussen mich diese Dinge noch heute? Reagiere ich noch heute in vielen Dingen so, wie meine Eltern es mir vorgelebt haben? Agiere ich in manchen Dingen noch auf die gleiche Weise?«

Die folgende Übung mag die wichtigste von allen sein.

Lies dir noch einmal in aller Ruhe durch, was dir als Kind von deinen Eltern alles vorgelebt wurde, und werde dir bewusst, welche dieser Regeln du übernommen hast.
Wenn wir dies zu begreifen beginnen, wird sich unser Leben vollständig verändern.

# Übung: Was wirkt noch heute in mir?

Minute 1–6

Betrachte noch einmal in aller Ruhe die Liste über die Ehe deiner Eltern. Und dann notiere dir, in welchen Bereichen du glaubst, Verhaltensweisen deiner Eltern noch heute zu kopieren.

In welchen Dingen handelst du wie dein Vater?

Was machst du so wie deine Mutter?

Betrachte mehrere Situationen in deinem heutigen Leben.

Wie agierst oder reagierst du im Streit?

Welche Bestrafungsrituale benutzt du?

Was verletzt dich und wie zeigst du, dass du verletzt worden bist?

Wie gehst du mit Zärtlichkeit vor anderen um? Ähnlich wie deine Eltern? Gelten vielleicht ähnliche Regeln in deiner Partnerschaft, wie du sie aus deiner Kindheit kennst?

Bist du womöglich ähnlich streng oder liberal?

Wie gehst du mit deinen Kindern um, wenn du welche hast? Wendest du ähnliche Erziehungsmethoden an, wie du sie als Kind erlebt hast?

Hast du eventuell eine ähnliche Einstellung wie deine Eltern zu Geld und gehst ganz ähnlich damit um?

Gibt es Machtkämpfe, die dir bereits bekannt vorkommen?

Und wie ist deine Rolle als Mann oder als Frau?

### *Mein Tipp*

Sehr hilfreich ist es auch, sich mit seinen Geschwistern darüber zu unterhalten. Nutze auch ihre Erinnerungen an eure gemeinsame Kindheit. Ganz oft haben wir blinde Flecken und auch viele Dinge verdrängt.
Gerade die Dinge, die uns nicht bewusst sind, wirken am stärksten in uns, da wir keinen Einfluss darauf nehmen können, was völlig automatisch und unbewusst abläuft.

Je öfter du dich damit beschäftigst, was du als Kind von deinen Eltern gelernt hast, desto leichter und schneller kannst du dich davon lösen und ein neues, unabhängiges Leben beginnen.
Mache dir immer mehr bewusst, von wem deine Regeln in deiner jetzigen oder künftigen Partnerschaft stammen könnten.
Entscheide dich ganz klar dafür, ab jetzt nur noch deine eigenen, authentischen Beziehungsregeln zu leben.

> Mache die Partnerschaft zu dem, was du gerne möchtest und brauchst: zu deiner Kraftquelle.

Hole dir alles wieder zurück, was dich frei macht und dich deine Liebe so leben lässt, wie es dir entspricht.

Welche
Liebe
will ich
leben?

# Was hält eine Beziehung zusammen?

Wenn wir uns mit der Frage befassen »Welche Liebe will ich leben?«, dann werden wir uns sicherlich auch schon Gedanken darüber gemacht haben, was Paare zusammenhält. Vielleicht gibt es in deinem Bekanntenkreis sogar Paare, von denen du glaubst, dass sie eine besonders gute Liebesbeziehung führen. Aber was ist deren Geheimnis? Haben sie vielleicht nur Glück gehabt oder gibt es ein Rezept für die Liebe?

Und was fehlt den Beziehungen, bei denen es nicht klappt? Allein in Deutschland werden 37 Prozent aller Ehen geschieden – und da sind alle übrigen Lebensgemeinschaften nicht mit erfasst.

Gibt es ein Geheimnis, warum manche Beziehungen funktionieren und manche nicht?
Dann sollten wir dieses Geheimnis lüften. Denn wenn wir wissen, welche Anteile für die Aufrechterhaltung einer glücklichen Partnerschaft nötig sind, dann wissen wir auch, was wir selbst im Angebot haben sollten, um eine wahrhaftige Liebesbeziehung führen zu können.

Unzählige Forschungsprojekte haben sich mit der Frage befasst, was eine Ehe oder Partnerschaft im Wesentlichen zusammenhält.

Im Rahmen einer Studie, die über mehrere Jahre ging, wurden in unterschiedlichen Zeitabständen die gleichen Paare befragt, was für sie das Wichtigste in einer Beziehung ist und was ihre Ehe zusammenhält. Es lohnt sich, einen Blick auf das Ergebnis dieser Studie zu werfen.[7]

**1. Toleranz und Verständnis**

Beide Partner akzeptieren den anderen so, wie er ist, und tolerieren die Schwächen des anderen. Gegenseitige Rücksichtnahme wird großgeschrieben. Wertschätzung und Kompromissbereitschaft halten die Beziehung am Leben.

**2. Vertrauen und Offenheit**

Beide Partner können sich aufeinander verlassen und kommunizieren offen und ehrlich miteinander. Beide gehen davon aus, dass sie in einer sicheren und verlässlichen Beziehung leben, und übernehmen die Verantwortung für die Partnerschaft.

**3. Liebe**

Auch nach Jahren des Zusammenlebens bestimmen die positiven Gefühle von Liebe und Zuneigung die Beziehung.

Die Partner nehmen die Impulse des anderen auf und inspirieren sich gegenseitig.

**4. Konfliktlösung und Kommunikation**

Die Paare kommunizieren miteinander, können Probleme gemeinsam bewältigen. Streitpunkte werden konstruktiv gelöst – ohne dass einer der Partner sich zurückzieht.
In der Beziehung wird über alles gesprochen und beide haben sich viel zu sagen, was das Interesse am anderen zeigt.

**5. Gemeinsame Lebensbereiche**

Die Partner haben gemeinsame Interessen, die sie zusammen ausüben, wie zum Beispiel reisen, berufliche Pläne oder gemeinsame Projekte.

**6. Solidarität und Unterstützung**

Das Paar steht Höhen und Tiefen des Lebens gemeinsam durch. Es herrscht ein starkes Vertrauen in den anderen, dass dieser zu einem steht – egal, wie schwierig die Situation sein mag.

**7. Kinder und Enkel**

Eine Familie ist ein starker Bindungsgrund. Eine Gemeinschaft macht glücklich und hält eine Partnerschaft lebendig.

**8. Persönliche Entwicklung in der Partnerschaft**
Beiden Partnern ist es wichtig, viel Zeit miteinander zu verbringen und sich gegenseitig bei der Persönlichkeitsentwicklung zu unterstützen. Das Wachstum im beruflichen, persönlichen und seelischen Bereich wird gefördert.

**9. Treue**
Wenn beiden Partnern die Exklusivität wichtig ist, um Vertrauen in der Beziehung zu haben, dann kann diese Beziehungsregel ein wichtiger Bindungsgrund sein.

**10. Finanzen und Besitz**
Wenn Paare ihre Beziehung auf materieller Sicherheit aufgebaut haben oder gemeinsam ein Familienunternehmen führen, dann ist dieser Faktor eine wichtige Basis für die Partnerschaft.

**11. Übereinstimmende Werte**
Beide haben sich über die wesentlichen Lebensbereiche geeinigt und haben die gleiche Einstellung zu Familie, sozialem Engagement, Kindererziehung, Ehrlichkeit, Solidarität und Respekt. Eigenschaften wie Einfühlungsvermögen, emotionale Stabilität und Gewissenhaftigkeit zählen zu den Merkmalen psychischer Sicherheit. Wenn diese charakterlichen Eigenschaften in die Beziehung eingebracht werden, wird diese stabiler.

**12. Sexualität**

Interessanterweise ist dieser Faktor das Schlusslicht der Studie. Das, was zu Beginn einer Beziehung im Zentrum steht, rückt im Laufe der Jahre in den Hintergrund.

Wenn wir diese 12 Punkte, die eine gute Partnerschaft ausmachen, immer wieder betrachten, werden wir vieles davon sofort unterschreiben.
Vieles davon wollen wir natürlich auch selbst in einer Partnerschaft erleben.

Und genau dies werden wir jetzt notieren. Wir machen also so etwas wie unsere ganz persönliche partnerschaftliche Hitliste.
Wir gehen folgenden Fragen nach: »Was soll alles in meiner Partnerschaft stattfinden?« und »Welche Liebe will ich leben?«

Welche Faktoren sind für deine bestehende oder zukünftige Liebesbeziehung wichtig?

7
8
5
4

# Übung: Was will ich in meiner Liebesbeziehung?

Minute 1–5

Lies dir die 12 Punkte der Studie noch einmal aufmerksam durch und schreibe auf dieser linken Seite auf, was für dich ganz persönlich in einer Liebesbeziehung am wichtigsten ist. Füge gegebenenfalls noch mehr Faktoren hinzu.
Welche Punkte sind besonders wichtig? Und warum?
Vielleicht betrachtest du auch nochmals deine Notizen in dem Kapitel »Was ist Liebe für mich?« (Seite 39ff).

Minute 6

Dies ist also so etwas wie unser Forderungskatalog an die wahre Liebe.
Mache nun deine persönlichen »Top 10« der Beziehungsfaktoren klar.
Weise Prioritäten zu.
Was ist dir am wichtigsten?
Was möchtest du auf jeden Fall und unbedingt erleben?

*Mein Tipp*

Kehre immer wieder zu dieser Liste zurück und beschäftige dich in den nächsten Tagen regelmäßig mit der Frage, was du gerne alles in einer Partnerschaft erleben möchtest.
Je klarer und präziser du deine eigene partnerschaftliche Zukunft benennen kannst, umso seltener wirst du dich mit weniger zufriedengeben. Du wirst mit einer inneren Bestimmtheit wissen, was du in einer Beziehung haben möchtest.

Das größte Problem der meisten Menschen ist, dass sie keine klaren Ziele benennen können. Sie gebrauchen dann meist Worte wie: »Ich will glücklich sein« oder »es soll harmonisch sein«. Aber dies sind keine klaren Ziele.

Je klarer du in deinen Vorstellungen bist, desto klarer wird dein Weg sein.

# Was bin ich bereit einzubringen?

Nun wissen wir schon recht viel. Wir wissen, was für uns Liebe ist und was wir von ihr erwarten. Wir wissen, welche Dinge wir kopieren und wie wir damit umgehen können.
Wir wissen, welche Dinge eine gute Partnerschaft ausmachen, und haben auch hier unsere ganz persönlichen Favoriten gefunden. Wir wissen inzwischen auch sehr klar und präzise, was wir alles davon mit unserem künftigen Partner erleben wollen.
So weit, so gut. Die ganze Sache hat nur einen kleinen Haken.

> In einer Partnerschaft werden wir immer nur das erleben, was wir auch bereit sind einzubringen.

Unser künftiger Partner soll uns doch entsprechen und zu uns passen? Einen anderen Partner würden wir doch gar nicht haben wollen. Mit einem anderen Partner würden wir doch gar nicht gleich schwingen und harmonieren.
Unser Partner wird also auch immer mit unserer Persönlichkeitsstruktur übereinstimmen. Mit allen positiven Merkmalen, aber eben auch in allen negativen Eigenschaften. Wir werden also auch immer uns selbst begegnen.
»Vielleicht wünschen wir uns sehnlichst, endlich tiefes Vertrauen erfahren zu dürfen, können selbst aber kaum

vertrauen. Dann wird Misstrauen das sein, was wir in die Partnerschaft einbringen. Und weil Misstrauen in unserem energetischen Feld ist, ziehen wir durch unser Resonanzfeld natürlich genau so einen Partner an, der dieses Thema immer wieder zum Vorschein bringen wird – und zwar so lange, bis dieser Anteil geheilt ist.«[8]

Wir haben Wünsche, Sehnsüchte und Vorstellungen, wie die wahre Liebe für uns auszusehen hat.
Aber wenn dies nur Wünsche und Sehnsüchte sind, ohne dass wir diese Qualitäten bereits selbst ausgebildet haben, dann werden wir mit Sicherheit jemanden in unser Leben ziehen, der uns auch darin ziemlich exakt entspricht. Also jemanden, der die gleichen Wünsche, Sehnsüchte und Vorstellungen hat. Aber das heißt nicht, dass er die entsprechenden Fähigkeiten auch alle bereits einbringen kann. Er hat nur die gleichen Wünsche, Sehnsüchte und Vorstellungen. Nicht mehr und nicht weniger.

Wenn wir nicht in der Lage sind, all das, was wir selbst gerne erleben würden, mit einzubringen, werden diese Dinge auch nicht stattfinden können.
Das ist doch klar. Wenn wir Dinge fordern, die wir selbst nicht geben können oder wollen, dann ist die Partnerschaft in einer ziemlichen Schieflage. Entweder ist einer von beiden ständig überfordert und genervt oder beständig enttäuscht.

Möchtest du zum Beispiel einen Partner, der immer ehrlich zu dir ist, dann ist deine Erwartung an eine Beziehung »absolute Ehrlichkeit.« Also keine Untreue, kein Hintergehen, kein Schwindeln, keine Geheimnisse, keine Lügen, kein Verschweigen. Aber dabei stellt sich die Frage: Kannst du das ebenfalls anbieten? Also keine Untreue, kein Hintergehen, kein Schwindeln, keine Geheimnisse, keine Lügen, kein Verschweigen. Bist du dazu selbst in der Lage?
Oder wäre es nicht wesentlich besser, ganz realistisch zu betrachten, was man selbst alles anbieten kann? Und alles, was man gerne darüber hinaus erleben möchte, als gemeinsames Ziel anzustreben.
Der beste Partner ist doch wohl der, der uns entspricht.

> Wünsche dir einen Partner, der dir ebenbürtig ist und darüber hinaus die gleichen Ziele verfolgt, der diese also in der Partnerschaft gemeinsam mit dir entwickeln möchte.

Als ich mit meiner Frau zusammenkam, war unser erstes Ziel, gemeinsam zu transformieren und uns weiterzuentwickeln, bis wir in der Lage sind, eine wundervolle tiefe Liebe zu leben. Unser erster Schritt war, herauszufinden, was wir bereits einbringen konnten. Alles andere wurde zu unseren gemeinsamen Zielen.
Mit diesem ersten Schritt wollen wir jetzt beginnen.

# Übung: Was bin ich bereit einzubringen?

## Minute 1–5

Sei ganz ehrlich mit dir selbst. Überprüfe jede Eigenschaft aus deinem Forderungskatalog »Was erwarte ich von der Liebe?« »Was kann ich selbst auch wirklich in eine Partnerschaft einbringen?«

Mit Sicherheit werden es Dinge sein, die du bereits in früheren Partnerschaften einbringen konntest.

Was alles kannst du deinem wundervollen Seelenpartner anbieten und gemeinsam mit ihm ausleben?

Sei ganz realistisch. Versuche, nicht zu übertreiben. Oder dir selbst gewisse Dinge schönzureden.

Hole dir deinen inneren Forderungskatalog hervor, aber drehe ihn nun in deine Richtung um und frage dich, ob du dies selbst auch leisten kannst.

## Minute 6

Sieh dir beide Listen an und vergleiche sie miteinander. Halten sie sich die Waage? Oder forderst du mehr, als du einbringen möchtest – oder umgekehrt?

Werde dir durch diese Übung bewusst, dass kein Gleichgewicht herrschen kann, wenn nicht beide Aufstellungen gleichwertig sind.

*Mein Tipp*

Wandle all deine Erwartungen, all deine Sehnsüchte und Wünsche in Ziele um.
Entscheide dich ganz bewusst, diese Ziele gemeinsam mit deinem neuen Partner erreichen zu wollen.

Sieh es wie ein Spiel, dessen Regeln du neu aufstellst – und zwar so, dass es für beide Seiten passt.
All das, was du bereit bist einzubringen, ist auch dein Partner bereit einzubringen. Denn Gleiches zieht immer Gleiches an.
Je mehr du einbringen kannst, desto mehr wird auch dein künftiger Partner anzubieten haben.

Dein künftiger Partner soll doch ein Mensch sein, der dir entspricht, der sich also genau auf der gleichen partnerschaftlichen Ebene befindet wie du, also sich auf Augenhöhe mit dir befindet, aber gleichzeitig ebenso den Wunsch besitzt, all die Ziele und Werte in einer Partnerschaft zu erreichen.

Ganz wichtig dabei ist, dass es wirklich Ziele sind. Das alles wäre schön, es erleben zu dürfen. Es sind Präferenzen. Es ist nicht etwas, was du dringend brauchst.

# Du kannst nicht lieben, was du brauchst

Es gibt einen großen Irrtum in der Liebe. Wir verwechseln Liebe sehr oft mit dem Bedürfnis, etwas zu brauchen.
Wenn wir etwas brauchen, haben wir keine Wahl. Wir können dann nicht frei entscheiden. Wir können schon gar nicht unser Herz sprechen lassen.
Wenn wir etwas brauchen, sind wir davon abhängig. Wir sind nicht in der Lage, Prioritäten zu setzen. Wir können nicht einmal entscheiden, es zu mögen. Ebenso wenig können wir davon lassen.

Etwas zu brauchen ist genau das Gegenteil von Liebe. Die Liebe ist immer frei. Sie ist unabhängig. Sie entsteht, sie kommt und sie kann auch wieder gehen. Sie ist manchmal erfüllend, manchmal auch allumfassend. Die Liebe ist ein Gefühl, dass zwischen zwei Menschen entsteht, wenn es keinen Zwang gibt. Die Liebe ist Hingabe. Sie ist fließend, leicht und heiter. Vor allem aber erhebend und aufbauend.

All diese Merkmale treffen aber in dem Augenblick nicht mehr zu, wenn wir etwas brauchen. Dann gibt es keine Alternative.

Wir brauchen zum Beispiel Luft zum Atmen. Wir können diese Luft nicht lieben. Wir benötigen sie, sonst würden wir sterben. Wir sind darauf angewiesen. Sie ist Grundvoraussetzung für unser Leben. Wir haben keine Wahl, wir können uns nicht entscheiden, ohne sie auszukommen. Wir sind mit ihr zwanghaft verbunden.

In Partnerschaften kann es vorkommen, dass wir – manchmal ohne es zu wissen – ebenso zwangsweise auf bestimmte Dinge angewiesen sind. Wenn wir das, was wir brauchen, nicht bekommen, dann stellen wir oft die ganze Beziehung infrage.

Eine Beziehung befindet sich in einer Schieflage, wenn einer der Partner ständig »bedürftig« ist.

Liebe wird dort nur selten zu finden sein. Ebenso wenig die Freiheit. Im Gegenteil, wir werden immer und immer wieder zwanghaft diese Dinge einfordern.

Wir sind dann ebenso unfrei wie unser Partner, den wir mit unseren Forderungen bedrängen.

Brauchen wir zum Beispiel die Gewissheit der Liebe, dann wollen wir diese Liebe immer und immer wieder bestätigt bekommen. Durch diese Bedürftigkeit kann eine starke Spannung entstehen, weil der Partner das Gefühl bekommt, dauernd zu geben – ohne dass es jemals genug zu sein scheint. Oder nicht das Richtige. Was auch immer man gibt, es reicht einfach nicht.

Manche verwechseln Liebe mit dem Befriedigen von Bedürfnissen. Wir glauben zwar, dass wir lieben, aber wir lieben eigentlich nur die Lieferung. Wir verlieben uns dann auch meistens nur, weil jemand unseren Mangel scheinbar ausgleicht.

Diese Bedürftigkeit hat natürlich ihren Ursprung.
Und wie kann es anders sein? Sie hat ihren Ursprung beim »ersten Mann« oder der »ersten Frau« im Leben eines jeden Kindes: bei seinen Eltern.
Wenn zum Beispiel der Vater seiner Tochter nicht die Verbundenheit, die Unterstützung oder genügend Liebe gegeben hat, entstehen oftmals ein tiefes Gefühl von Verlust und die Angst, ständig abgelehnt zu werden.

> Ein Kind, das Liebe erfährt, wird, erfüllt von dieser Liebe, immer bestrebt sein, diese Liebe weiterzugeben. Ein Kind, das ohne Liebe aufwächst, wird immer verzweifelt diese Liebe suchen.
> Ein ganzes Leben lang.[9]

Oftmals können wir den Mangel gar nicht so genau benennen. Etwas fehlt einfach. Wir wissen aber nicht, was und befinden uns in einem emotionalen Mangelgefühl.

In einem unserer Seminare erzählte ein Mann, dessen Beziehungen immer an Lieblosigkeit gescheitert waren, dass er von seiner Mutter immer über den Kopf gestreichelt wurde, wenn er sich zum Essen setzte. Diese liebevolle Geste war ein kleines Ritual zwischen den beiden, das er völlig vergessen hatte, als er erwachsen war und seine Frau heiratete. Aber unbewusst vermisste er diese Geste der Verbundenheit bei seiner Frau und hatte das Gefühl, von ihr abgelehnt zu werden. Dieses Mangelgefühl wollte aber ständig aufgefüllt werden und so fing er wie zwanghaft an, zu beobachten, wie sich seine Frau zu ihm verhielt. Wie oft sie ihn in den Arm nahm, streichelte oder Liebesbezeugungen gab.
Die Frau befand sich – ohne ihr Wissen – auf dem Prüfstand, wo sie eigentlich gar nicht hingehörte. Die Ehe hielt diesem Druck nicht stand und wurde geschieden. Ohne dass beide wirklich wussten, warum.

> Wir alle haben Bedürfnisse in der Liebe.
> Viele Dinge sind für uns Grundvoraussetzung
> für eine Partnerschaft.

In der folgenden Übung wollen wir den Bezug zwischen unserer Herkunftsfamilie und unserer jetzigen Beziehungsfähigkeit anschauen.

# Übung: Was brauche ich in der Liebe?

................................................................................................

................................................................................................

................................................................................................

................................................................................................

................................................................................................

................................................................................................

................................................................................................

................................................................................................

................................................................................................

................................................................................................

................................................................................................

................................................................................................

................................................................................................

................................................................................................

................................................................................................

................................................................................................

Minute 1–5

Schreibe auf diese linke Seite alle Bedürfnisse auf, die du in der Liebe hast. Jede große oder kleine Geste.
Brauchst du eine große Feier an deinem Geburtstag?
Willst du oft gesagt bekommen, wie sehr man dich liebt?
Soll dein Partner dich immer wieder mit kleinen Aufmerksamkeiten überraschen?
Brauchst du Beweise seiner/ihrer Liebe?
Sind es bestimmte Worte? Gesten? Rituale?
Ist es der Arm um die Hüfte?
Ein Kuss auf die Stirn?
Wenn dir spontan keine Antworten einfallen, überlege einmal, wie sich die Liebe deiner Eltern in deiner Kindheit für dich gezeigt hat.
In welchen Momenten hast du diese Liebe am stärksten gespürt oder wahrgenommen?

Minute 6

Lies dir diese Liste aufmerksam durch.
Höre dir selbst ganz genau zu – betrachte dich wie einen guten Freund, der dir sagt, wie du gestrickt bist.

### *Mein Tipp*

Beobachte in den nächsten Tagen dein Verhalten. Was sagt dein Gefühl? Wie sehr brauchst du Beachtung? Was tust du alles, um geliebt zu werden? Gibt es in dir noch den kleinen Jungen/das kleine Mädchen, die dich ständig daran erinnern, deinen unbewussten Mangel zwanghaft ausgleichen zu wollen?
Dann gehe in den inneren Dialog und versuche zu verstehen, wo dieses Gefühl herkommt, und sage dir selbst:
»Ich bin verbunden mit der Liebe. Ich liebe mich selbst.«
Nimm dich selbst in den Arm und gib dir innerhalb dieser inneren Bilder das Gefühl von Verbundenheit und Anerkennung.

Allein das Wissen um die Dinge verändert einiges. Wenn wir uns bewusst werden, dass wir in manchen Bereichen noch immer der Vergangenheit nachlaufen oder sie auszugleichen suchen, lässt der zwanghafte Drang des Brauchens nach.
Wir beginnen zu verstehen. Wir beginnen vor allem den kleinen Jungen oder das kleine Mädchen in uns zu verstehen, und erkennen, dass immer nur wir selbst diesen Ausgleich für uns schaffen können.
Damit öffnen wir uns wieder für die Liebe, können alles Neue zulassen und als Ausdruck wahrer Liebe annehmen.

# Wie findet die Liebe mich?

# Welche Überzeugungen hindern uns, glücklich zu sein?

Wenn wir uns auf den Weg machen und unserer wahren Liebe begegnen wollen, dann wäre es vielleicht ganz gut, ohne schweres Gepäck zu reisen. Denn wenn wir mit einem Kofferraum voller negativer Überzeugungen herumreisen, wird unser künftiger Partner sicherlich nicht sehr begeistert in unser Auto einsteigen.

Die folgende Übung kannst du für alle negativen Glaubenssätze machen, die noch heute in dir wirken.
Das können Glaubenssätze sein, die noch von deinen Eltern stammen – oder von früheren Partnerschaften.
Die meisten dieser negativen Überzeugungen dürften wohl in deiner Kindheit entstanden sein.
Unsere Eltern haben uns ziemlich viel vorgelebt. Vieles davon war sehr nützlich und ist auch heute noch für uns förderlich. Diese Dinge wollen wir auf jeden Fall beibehalten. Aber einiges davon bremst uns regelrecht auf dem Weg zu unserem eigenen Glück.

Noch heute wiederholen wir viele negative Glaubenssätze unserer Eltern. Wir hängen dort regelrecht fest.

Bekamen wir zum Beispiel als Kind von unseren Eltern immer wieder gesagt, dass »Männer nur das Eine« wollen, oder haben wir gehört »Frauen sind zu nichts zu gebrauchen außer zum Kinderkriegen und Kochen« oder »Wer soll dich schon heiraten? So wie du aussiehst, kriegst du nie einen Mann«, dann waren wir zwar verletzt und traurig, aber diese Meinung über uns selbst verankerte sich tief in unserem Unterbewusstsein.

> Wir verinnerlichten diese Sätze und wurden immer mehr zu dieser Person, von der behauptet wurde, dass wir sie seien.

Wir wuchsen nicht nur mit diesen unbewussten Überzeugungen auf, wir bauten sie sogar immer weiter aus. Wir gestalteten unser Leben nach dieser angeblichen »Wahrheit« über uns und begannen, immer mehr an unserer Liebesfähigkeit und unseren Beziehungen zu zweifeln.

Genau genommen boykottierten wir uns auf diese Weise selbst. Wir glaubten nicht, dass man uns lieben könne. Schon gar nicht einfach so. Bei unserer Partnerwahl suchten wir Menschen aus, die unseren Überzeugungen entsprachen, und waren nicht sehr verwundert, dass wir immer wieder auf den gleichen Typ Partner trafen. Und beständig die gleichen enttäuschenden Erfahrungen machen mussten.

Das führt dazu, dass uns heute in Bezug auf eine liebevolle Partnerschaft vieles nicht gelingt – oder wir lassen uns erst gar nicht mehr auf eine ein, weil wir noch immer an unserer Liebesfähigkeit zweifeln.

Dies ist jedoch nicht die Wahrheit. Es ist nur eine angenommene Meinung, die wir zu einer Überzeugung haben werden lassen. Noch heute bestrafen wir uns auf die gleiche Weise, wie es unsere Eltern mit uns getan haben. Durch Nichtachtung, durch Selbstkritik und Selbstvorwürfe.
Genau genommen führen wir einfach nur die Erziehung unserer Eltern immer und immer wieder weiter.

Wir können jedoch auch andere Überzeugungen in uns entstehen lassen. Wir könnten einfach damit aufhören, noch heute die alten Verletzungen und Selbstbestrafungen von damals immer und immer wieder zu wiederholen.
Wir können ein neues, anderes Leben für uns kreieren.

Im Buch »Der 6-Minuten-Coach: Erfinde dich neu« bin ich bereits ausführlich darauf eingegangen, wie einfach es ist, diese alten neurologischen Muster zu überschreiben.

Genau dies wollen wir nun in puncto unserer Liebesfähigkeit tun.

# Übung: Überzeugungen, die übernommen sind

Minute 1–2

Nimm ein DIN-A4-Papier und falte es in zwei Hälften. Dann öffnest du es wieder und schreibst auf die linke Seite des Blattes alle destruktiven Überzeugungen, die du von deinen Eltern, Freunden, Mitschülern und Verwandten zu den Themen Liebe, Männer, Frauen, Partnerschaft, Sexualität mitbekommen hast. Für den Anfang reichen zwei bis drei Sätze – die ersten, an die du dich erinnerst.

Minute 3

Betrachte nun in aller Ruhe deine alten, dich bremsenden Glaubenssätze. Welche von ihnen möchtest du gerne loswerden? Suche dir diejenigen heraus, die dich heute am meisten betreffen. Ein oder zwei Sätze genügen am Anfang.

Minute 4

Jetzt schreibst du auf die rechte Seite deines Blattes die positive Entsprechung zu deinem negativen Überzeugungsmuster auf.

Das könnte zum Beispiel so aussehen: »So wie du aussiehst, findest du nie einen Mann« würde zu »Ich bin liebenswert, so wie ich bin.« Oder: »Frauen sind nichts wert« könnte werden zu »Ich liebe meine weibliche Kraft.«

### Minute 5

Jetzt nimmst du dieses Blatt und trennst die negativen Sätze von den positiven – indem du das Papier in der Mitte auseinanderreißt.

Wenn du magst, dann kannst du die negative Hälfte des Blattes ganz bewusst in kleine Stücke zerreißen. Oder verbrennen. Oder in der Toilette herunterspülen. Löse dich dadurch ganz bewusst von den negativen Sätzen.
Durch so ein kleines Ritual zeigen wir unserem Unterbewusstsein ziemlich deutlich, dass diese alten Glaubenssätze für uns nicht länger existieren und sie keine Macht mehr über uns haben.

### Minute 6

Nimm dir nun die andere Hälfte des Blattes vor und lass jeden dieser positiven Sätze zu deiner neuen Wahrheit werden. Dies tun wir, indem wir jeden Satz als neuen Glaubenssatz begrüßen und beginnen, uns damit zu identifizieren. Sprich sie laut aus. Lass einen inneren Film ablaufen, wie glücklich du bist, diese neuen Glaubenssätze über dich gefunden zu haben. Spüre die Kraft und die Freude, die von dieser positiven Entsprechung ausgeht.

### *Mein Tipp*

Mache diese Übung immer wieder, wenn du Lust darauf hast oder wenn du merkst, dass die Zweifel wieder zunehmen. Das kann morgen sein oder nächste Woche.
Das Unbewusste braucht in der Regel 21 Tage, bis es Veränderungen realisiert.
Richte dich ganz nach deinem Gefühl.
Holen dich alte Muster wieder ein, wendest du diese 6-Minuten-Übung erneut an. Während du diese Übung machst, spüre tief in dir, wie du die alten, nicht mehr gültigen Muster loslässt.

Lass alle Gefühle, die in diesem Zusammenhang in dir entstehen, aufsteigen und aus deinem Leben gehen. Stell dir ganz bewusst vor, wie diese alten Glaubenssätze sich auflösen und keine Kraft mehr besitzen.

Durch neue, positive Glaubenssätze gewinnen wir eine neue, positive Lebenseinstellung. Durch eine neue, positive Lebenseinstellung wandelt sich unser Leben ins Positive.

# Vergeben heißt weitergehen

Die schönste Möglichkeit, Ballast loszuwerden ist, zu vergeben. Vergeben heißt weitergehen. Vergeben bedeutet, aufzustehen und sich wieder ins Leben zu begeben.
Es bedeutet nicht, gutzuheißen, was man dir angetan hat, sondern einfach nur, mit der Vergangenheit abzuschließen und sich der Zukunft wieder zu öffnen.

Wenn wir vergeben, akzeptieren wir die Höhen und Tiefen in unserem Leben. Nicht immer lief alles gut. Aber wenn wir daran festhalten, läuft es auch weiterhin schlecht.

Wenn wir nicht vergeben, nehmen wir den ganzen Ballast unserer Vergangenheit mit in unsere Zukunft. Auch wenn alle anderen, die uns so verletzt haben, bereits weitergegangen sind und längst ein glückliches und zufriedenes Leben führen und uns vielleicht vollständig vergessen haben, halten wir noch immer an diesen alten Verletzungen fest.

Wenn wir dies tun, dann bürden wir diese alten Verletzungen, also all das, was wir noch nicht vergeben können, unseren neuen, künftigen Partnern auf, die all diese Dinge stellvertretend für ihre Vorgänger bei uns wiedergutmachen sollen.

Wenn wir nicht vergeben, lassen wir uns nicht erneut ein. Wenn wir nicht vergeben, öffnen wir uns keinen neuen Chancen und behalten noch immer den Schmerz von damals.

Das ist weder richtig noch falsch. Niemand kann uns dazu zwingen, zu vergeben. Aber die Konsequenzen tragen wir ganz alleine.

Willst du anderen Menschen noch immer so viel Macht über dich einräumen?

## Übung: Wem oder was möchtest du gerne vergeben?

Minute 1–5

Notiere dir auf der linken Seite in aller Ruhe:
Wem oder was möchtest du gerne vergeben?
Was möchtest du gerne aus deinem Leben entlassen?
Welche belastenden Dinge sollen keinen weiteren Bestand in deinem Leben haben?

Minute 6

Entscheide dich nun, eines von diesen Dingen, die dich noch heute belasten, loszulassen und befreit in deinem Leben weiterzugehen.

### *Mein Tipp*

Beim Vergeben und Loslassen ist auch die Vorstellung eines großen Kreises sehr hilfreich.
Auf der einen Seite des gedachten Kreises sitzt du. Dir gegenüber befindet sich die Person oder der Moment in deinem Leben, den du gerne loslassen möchtest.
Stelle dir nun in Gedanken vor, wie diese Person oder der belastende Moment in deinem Leben den Kreis verlässt.
Wichtig ist, dass du dich dabei bedankst. Was immer du loslassen möchtest, bedanke dich für alles, was du daraus gelernt hast.

Wenn du möchtest, dann kannst du natürlich ebenso selbst aufstehen und den Kreis verlassen. Aber auch hier, bedanke dich für all das Lehrreiche, das dieser Mensch oder dieser Moment in deinem Leben dir gebracht haben.

Anschließend stelle dir vor, wie du voller Freude dein neues Leben beginnst. Stelle dir vor, wie du auf deinen künftigen Partner zugehst, ohne all die Belastung, die du bisher mit dir herumgetragen hast.

# Lieber nicht lieben, als die Liebe zu verlieren

Eine gute Freundin von uns hatte die wahre Liebe gefunden. Schon 7 Jahre war sie glücklich in einer wundervollen Ehe. Dann lernte ihr Mann eine andere kennen. Ganz klassisch. Eine jüngere. Und über Nacht war alles vorbei.
Sie war ihm nicht einmal böse. Solche Dinge passieren eben. Die Liebe kommt und die Liebe geht. Noch heute ist sie alleine. Noch heute zieht sie einsame Kreise im Park. So eine lebenslustige, humorvolle Frau. Wenn sie lacht, dann lacht ihre Seele. Aber sie ist allein geblieben. Als ich sie neulich fragte, warum sie nicht erneut das Abenteuer der Liebe eingehen würde, sagte sie: »Weil ich nicht mehr weinen möchte.«
*Es gibt* also noch ein Hindernis, die wahre Liebe zu finden. Dieses Hindernis mag erstaunlich klingen und dennoch ist es häufiger vorzufinden, als wir vermuten. *Es ist* die Angst davor, sich erneut mit Haut und Haaren einzulassen.
*Es ist* die Angst, dass unsere Hingabe und unser Glück erneut jäh abreißen und wir tiefer fallen könnten, als wir vielleicht verkraften. *Es ist* manchmal auch die Angst davor, dass es zu schön werden könnte.
Für viele ist es wesentlich besser, sich mit dem zu begnügen, was sie haben, als von wundervollen Höhen zu fallen.

Wurde unsere Hingabe einmal – oder vielleicht sogar mehrmals – enttäuscht oder hat ein Schicksalsschlag uns jäh von der Liebe getrennt, dann wird es uns schwerfallen, uns erneut mit der gleichen Intensität auf einen anderen Menschen einzulassen.
Wir halten uns immer etwas zurück. Wir bauen nur vermeintliche Nähe auf. Wir tun so als ob. Aber auf diese Weise bleibt immer etwas Trennendes.
Wir beklagen natürlich diesen Mangel an Nähe, ohne zu wissen, dass wir selbst Auslöser von dieser Distanz sind.

»Ich will nicht, dass es so schön wird. Denn dann vermisse ich anschließend noch mehr.«

Die Angst vor dem – eventuellen – anschließenden Verlust ist so groß, dass wir uns gar nicht mehr für eine neue Partnerschaft öffnen wollen.
Wenn uns wieder etwas Ähnliches passieren würde, so glauben wir, würden wir es nicht ein zweites Mal verkraften.
Wir haben Sorge, dass wir, wenn es zu schön werden würde, erneut tief fallen könnten.
Lieber nicht allzu viel Nähe zulassen, lieber etwas Distanz wahren. Lieber ganz auf die Liebe verzichten.

Die Suche nach der wahren Liebe wird einfach ausgesperrt, weil wir vielleicht das Gefühl haben, eine nochmalige

Trennung nicht verkraften zu können oder ohne diesen Menschen nicht mehr weiterleben zu wollen.

Natürlich erleben wir auf diese Weise die wahre, tiefe Liebe nicht mehr. Wenn wir uns nicht völlig einlassen, wenn wir eine gewisse Distanz zur Liebe wahren, dann wird uns dieses wunderbare Gefühl der Liebe auch nicht mehr berühren.

Viele von uns stecken also in einem Dilemma. Sie sehnen sich nach einer wundervollen Partnerschaft, aber gleichzeitig fürchten sie den erneuten Verlust.

Aber die Liebe gibt es ohne dieses Risiko nicht.

Eine Seminarteilnehmerin sagte einmal zu mir: »Wenn es zu schön wird und ich es dann wieder verliere, dann verkrafte ich das kein 2. Mal. Diesen Schmerz will ich mir nicht zufügen.« Ihr Mann war durch eine Krankheit überraschend gestorben. Durch so einen Verlust wollte sie nicht noch einmal gehen müssen. Ich fragte sie, wie ihr jetziges Leben sich denn anfühlen würde. »Nicht besonders«, sagte sie.
»Vielleicht liegt das ja daran,« fragte ich sie, »dass du dir diesen Schmerz jeden Tag selbst zufügst?«
3 Monate später schrieb sie mir eine Mail. Sie sei so froh, den Schritt noch einmal gewagt zu haben. Das Wochenendseminar habe sie dazu veranlasst.

# Übung: Ich durchschreite die Mauer der Angst

Minute 1–4

Nimm ein Blatt Papier und zeichne dich links unten als kleines Strichmännchen. Male auch deinen gewünschten Partner oben auf die gleiche Seite.

Du musst diese Person noch nicht kennen. Die Zeichnung ist stellvertretend für die große Liebe, die du gerne hättest, dich aber noch nicht zu leben traust.

Zeichne nun zwischen dich und diese Person eine Mauer deiner Angst. Diese Mauer besteht aus vielen Steinen. Schreibe auf diese Steine Sätze, die deine Angst beschreiben. Zum Beispiel: »Ich habe Angst davor, verletzt zu werden«, »Ich habe Angst davor, alleine nicht mehr lebensfähig zu sein«, »Ich will nicht wieder alles verlieren.« Schreibe alles auf, was dich daran hindert, auf diese Person zuzugehen.

Minute 5–6

Entscheide dich nun, einen dieser Steine aus der unüberwindlichen Mauer herauszulösen. Welche deiner Ängste, Sorgen, Begrenzungen möchtest du gerne loswerden?

Nimm eine kleine Schere und schneide diesen Stein aus der Mauer heraus. Diesen Stein kannst du nun in viele kleine Schnipsel zerreißen oder in einem kleinen Gefäß verbrennen oder aber in der Toilette herunterspülen.

Sage dir dabei: »Ich bin frei und mutig. Ich lasse los, was mich bremst und öffne mich für eine neue Partnerschaft.«

Spüre dabei, wie dieser bremsende Ballast von dir abfällt.

*Mein Tipp*

Mache diese Übung sooft es geht. Löse immer wieder neue Steine aus dieser Mauer. Durch die Schallmauer der Angst hindurchzugehen, sollte man so lange üben, bis es ganz leicht und souverän zu meistern ist.
Diese Übung kannst du auch mental machen – im Alltag, während der Arbeit, in der U-Bahn – und dir nur vorstellen, wie sich die Steine herauslösen …
Dadurch bereitest du dich bewusst darauf vor, die nächsten Schritte auf deine wahre Liebe zuzugehen.

Du wirst auch sehen, dass sich ebenso die Qualität in einer bestehenden Partnerschaft deutlich verbessern kann. Du brauchst es nicht einmal deinem Partner zu kommunizieren – die Veränderung deiner inneren Haltung wird deutlich spürbar sein.
Oft verhindert auch der Tod eines geliebten Menschen, dass man sich erneut mit einem anderen Menschen auf die Liebe einlassen will. Man befürchtet, seinen verstorbenen Partner dadurch zu verletzen.
Dann stell dir einfach vor, wie dein Partner von damals dich gerne sehen würde.
Würde es ihm Freude bereiten, dich so einsam zu sehen?
Oder wäre er froh, dich wieder glücklich zu sehen?

A N G S T

# Was darf dein künftiger Partner nicht sehen?

Vor einiger Zeit, auf einem unserer Partnerschaftsseminare, meldete sich eine 50-jährige Frau und erklärte begeistert, dass sie auch noch einmal so wundervolle Nächte voller Sinnlichkeit erleben möchte. Sie fragte mich, was sie denn machen solle, um dies für sich so rasch wie möglich erleben zu können?

Ich fragte sie, ob sie denn auch bereit für so etwas sei? Sie nickte heftig. »Und wie. Schon seit Jahren!«

Ich fragte, was sie denn alles verstecken müsste, wenn dieser Mann plötzlich vor der Tür stünde. Sie druckste ein bisschen herum, dann sah sie mich an und sagte: »Meinen Mann.«

Die ganze Gruppe verfiel in kreischendes Lachen.

Dabei verbirgt sich hinter ihrer Aussage tatsächlich eine tiefere Wahrheit. Sofort nahm ich ihren Impuls auf und ließ gleich alle Teilnehmer des Seminars die gleiche Frage beantworten. »Was müsstest du alles verstecken, wenn dein künftiger Partner plötzlich vor der Tür stünde?«

Die Antworten waren beeindruckend. Keiner hatte erwartet, dass er tatsächlich noch so viele Altlasten mit sich herumtragen würde. Natürlich war bei keinem ein weiterer Ehemann zu finden, der versteckt werden musste, dafür aber genügend andere Dinge. Dinge, die uns jeden Tag unbewusst bestätigen, dass wir keinen Partner mehr finden.

> Tief in unserem Inneren fühlen wir uns oftmals völlig sicher, weil wir glauben, da kommt ja doch keiner mehr. Dann brauchen wir uns gar nicht erst vorzubereiten.

Wenn wir glauben, es würde ja doch keiner mehr an unsere Tür klopfen oder gar mit uns nach Hause gehen, dann können wir diese Überzeugung sehr gut an unserer Wohnung ablesen. Auch wenn diese Einstellung völlig unbewusst ist, auch wenn wir uns noch so sehr nach der wahren Liebe sehnen, das wirklich Fatale an dieser Situation ist, dass unsere Wohnung uns jede Sekunde in dieser Hoffnungslosigkeit bestärkt.

Unsere Wohnung holt uns immer wieder in den Zustand des »Das-wird-ja-doch-nichts-mehr« zurück.
Aber das lässt sich ändern. Sehr leicht sogar. Hierfür genügt diese eine Frage:

> »Was alles dürfte dein künftiger Partner nicht sehen, wenn er plötzlich vor der Tür stünde?«

Was alles müsstest du verbergen? Alte Fotos? Eine gewisse Unordnung? Briefe? Ganz bestimmte Bücher oder Zeitschriften? Daten auf deinem Computer? Oder intime Dinge?

## Übung: Was darf dein künftiger Partner nicht sehen?

..........................................................................................

..........................................................................................

..........................................................................................

..........................................................................................

..........................................................................................

..........................................................................................

..........................................................................................

..........................................................................................

..........................................................................................

..........................................................................................

..........................................................................................

..........................................................................................

..........................................................................................

..........................................................................................

..........................................................................................

Minute 1–3

Gehe gedanklich durch deine Wohnung. Was gibt es bei dir alles, was ein anderer Mensch nicht sehen sollte? Was wäre dir unangenehm oder peinlich? Stell dir vor, es würde läuten und der wundervolle Mensch, den du so herbeisehnst, stünde vor deiner Tür. Was müsstest du verstecken? Oder gar noch entsorgen? Notiere es dir in dieser Liste links. Und falls du nicht möchtest, dass es jemand anderes liest, mach einfach Kürzel. Es ist aber wichtig, dass du es aufschreibst.

Minute 4–5

Nun liegt sie vor dir, deine »To-do-Liste für die Partnerschaft«. Nimm dir vor, diese Dinge so bald wie möglich in Angriff zu nehmen.

Beginne heute mit einem davon. Egal, welches Detail es auch ist. Ganz gleich, ob du es aufräumst, wegwirfst oder verschenkst. In diesen 2 Minuten gehst du in Aktion.

Und sage dir dabei: »Ich bin frei und sicher, jemanden in mein Leben einzuladen. Ich schaffe Raum für dich. Du darfst kommen.«

Minute 6

Spüre, wie sich das anfühlt. Mit Sicherheit wirst du bemerken, wie neu und anders der Schritt zu einer möglichen Partnerschaft ist. Du gehst in Aktion. Du unternimmst etwas. Du öffnest dich.

### *Mein Tipp*

Wiederhole die Übung sooft wie nötig. Gehe immer wieder durch deine Wohnung und betrachte alles mit den Augen des künftigen Partners. Was würde ihm nicht gefallen? Was würde ihn abstoßen? Was würde ihn einladen zu bleiben?
Wie möchtest du, dass dein künftiger Partner dich kennenlernt, wenn er deine Wohnung betritt? Welchen Eindruck soll er bekommen?
Und welche Dinge möchtest du gerne noch vorher loslassen?

Frage dich dabei immer wieder: »Wenn ich in diese Wohnung käme, würde sie mich zum Bleiben animieren? Würde ich mich eingeladen fühlen?« Bereite deine Wohnung auf den gewünschten Besuch vor.

Diese Übung ist deswegen wesentlich, weil du dich jetzt ganz aktiv vorbereitest. Du hast dich entschieden, etwas zu tun, damit die wahre Liebe in dein Leben kommen kann.
Du zeigst deinem Verstand: »Jetzt ist es so weit.«
Und so ganz nebenbei zeigt dir dies auch deine Wohnung. In deinem ganz persönlichen Bereich ist jemand durchaus willkommen und findet genügend Platz an deiner Seite.

# Welche Plätze sind noch belegt?

Wenn wir auf der Suche nach der wahren, großen Liebe sind, dürfte dies mit Sicherheit nicht unsere erste Partnerschaft sein, die wir eingehen wollen. Wir haben höchstwahrscheinlich schon die eine oder andere Beziehung hinter uns gelassen.
Wahrscheinlich auch Partnerschaften, die wundervoll waren. Und wir haben es sehr bedauert, dass diese in die Brüche gingen.
Nicht alles in vergangenen Beziehungen war also immer nur schlecht. Mit Sicherheit gab es viele Momente, die unvergesslich waren. Außergewöhnliche Momente. Natürlich auch sinnliche und sehr intime Momente. Und Augenblicke voller Hoffnung und Zuversicht. Es gab verständnisvolle Worte und Gesten.
Und gerade weil uns andere Menschen oftmals so tief berührt haben, können und wollen wir sie nicht vergessen.
Die Erlebnisse waren einfach zu schön. Du wurdest geliebt. Du warst jemandem wichtig. Und du bist dir nicht sicher, ob es jemals wieder so sein wird.
Solche Momente, die eine solche Verbundenheit ausgelöst haben, können ganz unterschiedlicher Art gewesen sein.

Vielleicht der Spaziergang bei Sonnenaufgang, ein Geburtstag voller Überraschungen, die Liebe auf dem Küchentisch, der zärtliche Biss in den Nacken, der regelmäßige Opernbesuch oder eine Lieblingsspeise, die ihr euch manchmal mitten in der Nacht zubereitet habt.
Es können kleine Gesten sein, geflüsterte Worte oder ein gemeinsamer Urlaub. Das kann eine gemeinsame Sportart sein oder ein gemeinsames Hobby, welches du seit der Trennung nicht mehr ausübst.
Es können aber auch ganz bestimmte Straßen oder Restaurants sein, die dich noch heute an die Vergangenheit erinnern. Oder Gegenstände in deiner Wohnung. Fotos, Briefe, ein Geschenk oder ein gemeinsam gekauftes Möbelstück.

Eine gute Freundin von mir besaß zum Beispiel ein Sofa, auf dem sie mit ihrer langjährigen Beziehung immer abends zusammengesessen und gelesen hatte. Sie beklagte sich noch Jahre danach, dass keiner der anschließenden Freunde ihr mehr dieses Gefühl von Zugehörigkeit schenken konnte.
Kein Wunder. Das Sofa gehörte in Gedanken noch immer zu ihrer wundervollen Vergangenheit, die sie nicht loslassen wollte. Erst als sie das Sofa aus der Wohnung warf und ein neues kaufte, entstand plötzlich wieder mit einem anderen Mann ein neues Gefühl von Nähe. Und zwar auf dem neuen, gemeinsam gekauften Sofa.

Sie hatte etwas Wesentliches getan. Sie war bereit, Vergangenes loszulassen und schenkte ihrem Partner die Chance, diesen Platz in ihrem Leben neu zu besetzen.

Du merkst sicherlich schon, worauf ich hinaus will.
Manchmal hat ein neuer Partner gar keine Chance, alte Plätze mit dir neu zu erleben.

Eigentlich möchtest du das auch nicht. Du willst nicht wieder von vorne anfangen. Nicht schon wieder jemanden neuen kennenlernen. Nicht erneut Vertrauen fassen. Und schon gar nicht wieder eine neue Geschichte aufbauen.

Wir hatten doch bereits mit einem Menschen Vertrauen aufgebaut und Nähe erfahren. Und es war schön. Und dieses Schöne ist noch immer in unserer Erinnerung.
Darüber hinaus ist uns der Ex-Partner viel vertrauter. Auch heute noch. Er kennt uns. Ihm haben wir uns mit allen unseren Stärken und Schwächen gezeigt.

Mit ihm hattest du eine Verbundenheit, die du mit einem neuen Partner noch gar nicht spüren kannst. Mit ihm hattest du bereits eine Geschichte geschrieben.
Eine Geschichte, die nur euch beide etwas anging. Und diese Geschichte ist in vielen Teilen deines Lebens noch heute lebendig. Auch wenn ihr beide längst getrennt seid.

Und genau weil diese Geschichte bereits geschrieben wurde und du sie nicht gut loslassen kannst, hat dein künftiger Partner keine Chance, eine neue Geschichte mit dir gemeinsam entstehen zu lassen.
Er spürt, dass du dich zurückhältst. Dass du nicht frei bist. Dass du dich noch nicht einlassen kannst.
Das frustriert. Es wird keine Nähe entstehen. Es wird keine neuen Erlebnisse geben und auch keine neue gemeinsame Geschichte.
Und zu allem Überfluss bestärkt dein Verhalten in dir das Gefühl, dass du zu wahrer Liebe nicht mehr fähig bist.
Dabei hast du einfach nur Altes nicht losgelassen und dich für Neues noch nicht geöffnet.

> Wollen wir eine neue, wundervolle Partnerschaft erleben, sollten wir alte, mit Erinnerungen behaftete Plätze wieder freigeben.

Natürlich werden die neuen Dinge anders sein. Vielleicht sogar völlig anders. Und genau das sollen sie auch. Jeder Mensch ist anders. Jeder Mensch hat andere Eigenschaften. Andere Eigenschaften und andere Ideen, die Liebe in dir zu wecken.

Wundervolle Dinge aus unserer Vergangenheit können wir nur ersetzen, wenn wir neue wundervolle Dinge zulassen.

# Übung: Folgende Plätze sind noch belegt

..............................................................................................

..............................................................................................

..............................................................................................

..............................................................................................

..............................................................................................

..............................................................................................

..............................................................................................

..............................................................................................

..............................................................................................

..............................................................................................

..............................................................................................

..............................................................................................

..............................................................................................

..............................................................................................

..............................................................................................

### Minute 1–5

Beantworte folgende Fragen und notiere die Antworten auf der linken Seite:
Welche Dinge oder Erlebnisse waren in deiner Vergangenheit so wundervoll, dass du immer wieder daran zurückdenkst?
Was war nur mit deinem damaligen Partner möglich?
Es können kleine Gesten sein oder gemeinsame Unternehmungen. Ein Urlaubsziel, eine Sportart oder ein gemeinsames Hobby.
Es können auch Möbel sein oder bei dir verbliebene Geschenke. Oder sinnliche Dinge, die dich noch verhaftet bleiben lassen.
Schreib alles auf, was dir als Erstes in den Sinn kommt.

### Minute 6

Jetzt überlege kurz und entscheide dich: Was bist du bereit loszulassen?
Verwechsle es nicht mit vergessen. Du brauchst nichts zu vergessen, sondern nur wieder freizugeben – also dir selbst eine Chance zu geben.
Schreibe doch einmal auf, was du bereit bist, mit einem neuen Partner anders zu erleben.
Vielleicht sehnst du dich sogar danach, etwas wieder erleben zu dürfen. Dann notiere auch das.

## *Mein Tipp*

Immer wenn du bemerkst, dass du heutige Erlebnisse mit deiner Vergangenheit vergleichst, sage innerlich: »Stopp!« Lass die vergangenen Bilder ganz bewusst los und sage dir selbst: »Ich entscheide mich jetzt, alles Neue zuzulassen.«

Du verrätst deine Ex-Partner nicht, wenn du wieder am Leben teilzunehmen beginnst. Niemandem ist damit gedient, wenn du dich beschränkst und weiterhin blockierst. Deiner neuen Liebe dient es jedenfalls nicht. Und dir selbst am wenigsten.

Gib die besetzten Räume in dir frei und freue dich auf alle neuen Wunder, die dir begegnen werden.

# Ich lerne, liebevoll Nein zu sagen

Das Nein in der Liebe ist genauso wichtig wie das Ja.

Um eine erfolgreiche Liebesbeziehung zu führen, die auf Gleichwertigkeit beruht und die auf Augenhöhe stattfinden soll, ist es sehr, sehr wichtig, dieses kleine Wörtchen »nein« zum richtigen Zeitpunkt zu sagen.

Oft wollen wir keine Grenzen setzen, weil wir Angst haben, den anderen dadurch zu verletzen oder seinen Ansprüchen nicht zu genügen – oder es kommen Verlustängste hoch, die uns davon abhalten, zu unseren wahren Bedürfnissen zu stehen. Wenn wir aber die wahre Liebe leben wollen, sollten wir auch unsere wahren Bedürfnisse achten und unsere eigenen Grenzen dem Partner gegenüber behaupten können.

Wenn wir nicht auf unsere wahren Bedürfnisse achten, dann sind wir nicht authentisch. Wir tun dann so, als ob wir die Vereinbarungen innerhalb der Beziehung bejahen und gut finden würden. In Wirklichkeit missbrauchen wir aber uns selbst, weil wir dem anderen Macht über uns zugestehen. Wenn dann auch noch ein Stillschweigen über diese Absprachen herrscht, dann fühlt man sich zunehmend unverstanden und unwohl.

Oftmals tun wir dann Dinge, die wir gar nicht mögen, schaffen es aber nicht, ganz klar Nein dazu zu sagen und auch dabei zu bleiben.

Ein wirkliches Nein sollte auch ein Nein bleiben.

Sich selbst in Beziehungen zu behaupten, ist ein wichtiger Wachstumsschritt.

Um seine Grenzen setzen zu können, ist es wichtig, nicht einfach *gegen* etwas zu sein – sonst benutzt man das Nein als Machtinstrument, um den Partner abzulehnen –, sondern *für* etwas zu sein.

Es geht auch gar nicht darum, sich vor dem anderen zu schützen – es geht darum, in gesunder Verbindung mit dem eigenen Selbst zu bleiben.

Setze dich *für* dich ein – und erkläre deinen Standpunkt mit klaren Worten. Bleibe, so weit es geht, ruhig und gelassen. Schließlich ist es in Ordnung, etwas nicht zu wollen, was der Partner von einem verlangt. Jeder Standpunkt sollte respektiert werden.

Du kannst deine Grenzen liebevoll setzen und dabei Verständnis für deinen Partner signalisieren – dann fällt es euch beiden leichter, die Standpunkte in die Beziehung zu integrieren.

Wenn du zum jetzigen Augenblick noch in keiner Partnerschaft lebst, so befindest du dich doch immer in einer Beziehung – zu deinen Eltern, Freunden, Berufskollegen und Verwandten.
Sie sind perfekte Übungspersonen, um dein ganz persönliches »Nein« herauszufinden und zu stärken.

In dieser Übung kannst du also sehr gut herausfinden, zu wem es dir noch schwerfällt, Nein zu sagen, und wer an der emotionalen Erpressungsschraube dreht.

Ein Nein kann ein wichtiges Ja zu dir selbst sein.

*Wir beginnen,* wieder unseren eigenen Weg zu gehen und nicht nur den Weg, den andere für richtig halten.
*Wir lernen,* auf unsere Bedürfnisse zu achten und uns wieder wichtig zu nehmen.
*Wir holen* uns unsere Macht wieder zu uns zurück.
*Wir steigen* wieder souverän in Beziehungen ein. Denn erst dann beziehen wir uns wieder wirklich.
*Wir haben* eine Meinung und einen Standpunkt. Es wird wieder zu einem Geben und Nehmen im gleichberechtigten Austausch.
*Wir öffnen* uns für eine wahre, ebenbürtige Partnerschaft.

# Übung: Ich lerne, liebevoll Nein zu sagen

..........................................................................

..........................................................................

..........................................................................

..........................................................................

..........................................................................

..........................................................................

..........................................................................

..........................................................................

..........................................................................

..........................................................................

..........................................................................

..........................................................................

..........................................................................

..........................................................................

..........................................................................

Minute 1–4

Zeichne dich in die Mitte der linken Seite und schreibe deinen Namen über diese Figur.
Male nun weitere Strichmännchen um dich herum, denen du die Namen von den Personen gibst, zu denen es dir noch schwerfällt, Nein zu sagen. Das kann dein jetziger oder dein ehemaliger Partner sein. Ein Kollege, deine Eltern, bestimmte Freunde oder Verwandte.
Benenne ganz klar, was sich für dich noch problematisch anfühlt und wo du dich als ausgenutzt empfindest, und schreibe das in dieser Zeichnung auf.

Minute 5–6

Jetzt stellst du dir innerlich ein Stoppschild vor und zeichnest dieses Schild zwischen dich und die Personen.
Sage dir während dieser Aktion:

»Ich bin verbunden mit meinen Bedürfnissen.
Es ist vollkommen in Ordnung, nein zu sagen.
Ich respektiere meine Bedürfnisse.«

Wiederhole diese Aussage bei jeder Person, der du symbolisch mit dieser Zeichnung durch das Stoppschild Grenzen setzt.

### *Mein Tipp*

Sich selbst zu behaupten, kann man üben! Mache diese Übung, sooft dir danach ist. Du wirst bemerken, dass sich auf der unbewussten Ebene etwas verändert. Der Mensch, der mit dir in Beziehung steht, wird spüren, dass du nicht mehr auf diese Mechanismen, die er an den Tag legt, reagierst. Wahrscheinlich wird er erst einmal rebellieren. Bleib stark und unbeirrt mit dir verbunden. Nur so kannst du daran wachsen und reifen.

Wenn du nicht lernst, immer wieder auch Grenzen zu setzen, wirst du weiterhin Partner in dein Leben ziehen, die deine Grenzen nicht anerkennen und einfach darüber hinweggehen.

Diese Übung kannst du auch prima abwandeln. Auf meinen Seminaren ist folgende Variante ebenfalls sehr erfolgreich.
Anstatt Personen zeichnest du all die Dinge um dich herum, die du zwar mit dir machen lässt, die aber in Wahrheit mit einem klaren Nein belegt werden sollten.
Zeichne sie auf und sage auch zu ihnen ganz deutlich: »Stopp!«

STOP

# Wie willst du dich am liebsten der Außenwelt zeigen?

Wenn wir uns fragen »Wie finde ich die wahre Liebe?«, dann gilt es natürlich auch sofort die zweite Frage zu beantworten: »Wie findet die wahre Liebe mich?«
Um gefunden zu werden, sollten wir uns auch zeigen. Wir wollen doch schließlich gesehen werden.

Genau genommen zeigen wir uns bereits. Wir senden Signale aus, die andere Menschen auffangen. Dies tun wir beständig. Jeden Tag, jede Minute.
Wollen wir einen wundervollen Partner in unser Leben einladen, sollten diese Signale allerdings so beschaffen sein, dass sich die richtigen Menschen davon angezogen fühlen.
Ein ganz wesentlicher Anteil auf dem Weg, die wahre Liebe zu finden, wird also sein, auf welche Weise wir uns unserem Umfeld zeigen. Was soll unser Umfeld von uns wahrnehmen? Welche Signale wollen wir nach außen senden?
Was soll unser künftiger Partner an uns bemerken?

Natürlich wollen wir nur die besten Anteile von uns nach außen stellen. Das ist doch wohl klar. Wir möchten ankommen und angenommen werden. Wir wollen einen sympathischen Eindruck hinterlassen. Wir wollen als liebenswert gelten. Wir möchten, dass jemand vor allem unsere schönen Seiten sieht. Und wir wollen, dass dieser Jemand erkennt, dass wir wertvoll genug sind, dass er sich entscheidet, sein Leben mit uns zu teilen.

Eigentlich ist es ganz einfach. Wir wollen geliebt, respektiert, geachtet und auch begehrt werden.
Wir wünschen es uns so sehr, aber nicht immer gelingt es uns, den passenden Partner für uns zu gewinnen.

> Wenn wir uns verstecken, nimmt unsere Außenwelt oftmals eine ganz andere Person wahr, als wir in Wirklichkeit sind.

Auch wenn es erstaunlich ist, viele Menschen verbringen manchmal Jahre damit, einige charakterliche Züge vor anderen zu verbergen, anstatt die wahren Eigenschaften nach außen zu zeigen.

*Vielleicht* kennst du so ein Verhalten auch an dir?
*Vielleicht* hast du bisher nur gezeigt, wie unsicher du bist, wie verletzt oder misstrauisch.
*Vielleicht* hast du unbewusst ausgestrahlt, dass du der Liebe nicht traust. Und es keiner mit dir leicht haben wird.
Dies alles sind Signale, die wir nach außen senden.

Viele denken auch: »Ich besitze keinen inneren Reichtum.« »Ich bin langweilig.« »Ich habe keine Talente.« »Wer soll mich schon mögen?«
Diese und noch viele andere Aussagen bekomme ich von meinen Seminarteilnehmern, deren Selbstwertgefühl vollkommen im Keller ist. Sie glauben nicht mehr, dass jemand sie lieben könnte. Meist haben sie bereits jahrelang viel Anstrengung und Energie verbraucht, um einen Schutzwall um sich herum aufzubauen, der auch von den liebevollsten Menschen nicht mehr durchbrochen werden kann. Und alles nur aus Angst, sie könnten »nichts wert« sein – also auch nicht wert, geliebt zu werden.

All diese Überzeugungen und Ansichten über uns selbst zeigen wir der Außenwelt. Sie sind so etwas wie unser Aushängeschild.

Wie groß werden da wohl unsere Erfolgsaussichten sein?
Einen anderen Menschen in sein Leben einzuladen, ist kein kleines Ding. Dieser wundervolle Partner soll uns schließlich als so wichtig erachten, dass er sein gesamtes Leben umstellt und seine Zeit künftig mit uns verbringen will. Er soll uns in seine Visionen und Ziele mit einbeziehen und uns als alleinigen Partner akzeptieren. Er soll alle anderen Menschen auf dem gesamten Planeten als künftige Partner ausschließen. Und das bitteschön noch voller

Euphorie und Begeisterung. Genau genommen soll er sich glücklich schätzen, uns gefunden zu haben.

Solange wir jedoch nur Signale der eigenen Minderwertigkeit und Selbstbeschränkung nach außen senden, werden wir es wohl etwas schwer haben. Da Gleiches immer Gleiches anzieht, laden wir auf diese Weise immer nur Menschen in unser Leben ein, die sich auf unsere Selbstbeschränkung beziehen.
Da wäre es doch wesentlich besser, all unsere versteckten Qualitäten wieder hervorzukramen und sie dem Gesetz der Anziehung anzuvertrauen.
Wie wir das machen? Ganz einfach. Wir brauchen uns nur die richtigen Fragen zu stellen.
Was möchte ich anderen von mir zeigen?
Auf welche Weise möchte ich gerne wahrgenommen werden?
Auf welche meiner wundervollen Qualitäten soll mein künftiger Partner aufmerksam werden?

> Die Frage »Wie finde ich die wahre Liebe?« hat ganz viel damit zu tun, wie wir uns anderen zeigen möchten.

In der folgenden Übung schauen wir uns an, was du alles von dir zeigen könntest, wenn du dich nur trauen würdest.
Wir betrachten all die positiven Eigenschaften an dir, all den inneren Reichtum, den du gerne nach außen tragen würdest.

# Übung: Wie ich mich der Außenwelt zeigen möchte

Minute 1–5

Zeichne dich in die Mitte dieser linken Seite als kleines Strichmännchen und schreibe deinen Namen über deine Zeichnung.
Zeichne nun von dir ausgehend lauter Strahlen, die nach außen gehen.
Schreibe zu jedem Strahl dazu, was du gerne von dir zeigen möchtest. Wie soll man dich sehen? Was soll man von dir wahrnehmen? Welche Signale soll man ganz klar auffangen?

Minute 6

Betrachte deine Zeichnung noch einmal in Ruhe.
Das alles sind die Informationen, die dein Umfeld in Zukunft von dir wahrnehmen soll.
Stelle dir bei jedem Strahl, den zu zeichnest, vor, wie wundervoll es ist, wenn deine Außenwelt dich auf diese Weise entdecken darf. Wie liebenswert und einzigartig du bist. Und dass jeder Mensch sich glücklich schätzen darf, sich in deiner Nähe aufzuhalten.

### Mein Tipp

Suche dir einen oder zwei Aspekte heraus, die du gerne von dir zeigen möchtest, und verbinde dich gedanklich mit ihnen. Stelle dir vor, wie schön es ist, wenn andere auch diese Seite von dir kennenlernen dürfen. Lächle bei dem Gedanken, wie angenehm und leicht es sich anfühlt. Gehe in diese Visionskraft hinein, sooft du möchtest.

Entscheide dich, immer wieder die beste Seite von dir zu zeigen. Es ist schließlich ebenfalls ein Anteil von dir. Ein wundervoller Anteil, den wir gerne ausbauen wollen.

Es ist wundervoll, die beste Version unseres Selbst zu offenbaren:

- Je mehr wir uns mit unseren Sonnenseiten beschäftigen, desto deutlicher beginnen sie, sich zu zeigen.
- Wenn du beginnst, dich so der Außenwelt zu zeigen, wird sich auch immer mehr deine Überzeugung ins Positive wandeln und an Kraft gewinnen.
- Denke immer nur daran, wie die Außenwelt dich wahrnehmen soll. Dann wirst du dich schon bald auch zu dieser Person entwickeln. Und als Belohnung wird die wahre, große Liebe auf dich aufmerksam und all diese Werte in dir erkennen.

# Ich bin es wert, geliebt zu werden

Nicht immer fällt es uns leicht, uns selbst als liebenswert zu betrachten. Eigentlich gelingt uns dies sogar eher selten.
Denn genau genommen mögen wir uns selbst nicht besonders: Wir mögen nicht, wie wir uns geben, wie wir denken und wie wir auf andere wirken.
Vor allem aber mögen wir nicht, wie wir aussehen. Wir empfinden uns als zu dick, zu dünn, zu klein, zu groß, zu gedrungen. Das Gesicht ist zu wenig anmutig, zu schief, zu breit, zu lang. Unser Körper scheint eine Ansammlung von unendlichen Fehlern zu sein.
Und diese untrügliche Wahrheit können wir jeden Tag im Spiegel betrachten. Wir versuchen zwar, so viel wie möglich auszubessern, zu kaschieren, zu überschminken oder durch geschickte Kleidung das Augenmerk auf anderes zu lenken, aber unser eigenes Urteil über uns steht fest. Wir sind nicht so wie andere. Nicht so schön, nicht so anmutig, nicht so toll und schon gar nicht so, dass sich jemand wünschen könnte, mit uns zusammen zu sein.

Genaugenommen lehnen wir uns ab. Und erwarten daher, dass uns auch andere ablehnen.

Wenn wir uns stets mit einem negativen Blick betrachten, werden wir auch beständig genau dieses Eigenbild mit uns herumtragen. Wir gehen dann davon aus, dass alle anderen uns mit dem gleichen negativen Blick betrachten.
Vor allem: Würden wir jemandem glauben, wenn er uns ein Kompliment macht? Wohl eher nicht. Wir lassen uns nicht so leicht von unserem Eigenbild abbringen.
Im Gegenteil: Je öfter wir uns selbst mit diesem negativen Blick betrachten, desto mehr Dinge werden wir an uns entdecken, die uns nicht gefallen.
Und schon bald befinden wir uns in einer Spirale, die uns immer tiefer zu einer übertriebenen Selbstkritik führt, bis wir irgendwann überzeugt davon sind, dass kein Mensch auf dieser Welt an uns noch Gefallen haben könnte.

In Wahrheit haben wir nichts anderes getan, als mentales Training einzusetzen.

Denn Zweifel, Ängste, Sorgen, negative Überzeugungen sind ebenfalls mentales Training, nur eben in eine nicht sehr förderliche Richtung. Tag für Tag haben wir uns zum Beispiel trainiert, uns als minderwertig zu empfinden.
Und da mentales Training hervorragend funktioniert, ist in dieser anfänglichen Betrachtungsweise der Hauptgrund zu finden, warum wir uns nicht für liebenswert, geschweige denn für begehrenswert halten.

Und so ist es auch nicht erstaunlich, dass wir uns nicht sonderlich schön finden, wenn wir uns im Spiegel betrachten. Wir betrachten uns nicht neutral. Wir haben bereits eine vorgefertigte Meinung von uns und konzentrieren uns meist nur darauf, was uns nicht an uns gefällt.
Das bedeutet: So wie wir uns empfinden, so sehen wir uns im Spiegel. Unser Spiegelbild entspricht unserem Eigenbild. Und dieses Bild haben wir ebenfalls noch von uns, wenn wir in die Außenwelt gehen.
Und genau dieser Effekt lässt sich genauso gut zu unserem Nutzen einsetzen.

> Eine der wundervollsten und effektivsten Übungen ist die Spiegelübung.

Das Einzige, was du für diese Übung benötigst, ist ein Ort, an dem du ungestört bist, und ein großer Spiegel, am besten in Körpergröße.

Wir alle sehnen uns danach, liebenswert, offen und bereit für eine wundervolle Partnerschaft – und natürlich auch begehrenswert für einen anderen – zu sein.
Genau mit diesen 4 Aspekten wollen wir uns jetzt beschäftigen.
Wenn du die folgende Übung öfter machst, wirst du schon bald eine enorme Veränderung an dir bemerken.

# Übung: Ich bin liebenswert

Hier kannst du dir deine Erkenntnisse notieren.
Welche Veränderungen nimmst du an dir wahr?

..................................................................................................

..................................................................................................

..................................................................................................

..................................................................................................

..................................................................................................

..................................................................................................

..................................................................................................

..................................................................................................

..................................................................................................

..................................................................................................

..................................................................................................

..................................................................................................

..................................................................................................

..................................................................................................

Minute 1–5

Setze dich entspannt und ruhig vor den Spiegel.
Betrachte dich in aller Ruhe. Vielleicht lächelst du dabei.
Betrachtete dich mit einem wohlwollenden Blick.
Vielleicht sagst du in Gedanken: »Ich mag dich« oder »Schön, dass es dich gibt.«
Lenke dein Augenmerk ausschließlich auf die Dinge in deinem Spiegel, die dir an dir gefallen.
Was magst du an dir? Was empfindest du als in Ordnung?
Oder sogar als schön?
Deine Augen? Deine Haare? Deine Schultern?

Wenn du merkst, dass du etwas zur Ruhe gekommen bist, dann sage zu dir: »Ich bin liebenswert.«
Wiederhole es öfter und nicke dir dabei zu.
Schenke dir selbst diese Bestätigung.

Minute 6

Notiere dir kurz, welche Veränderungen dir aufgefallen sind.
1–2 Notizen reichen völlig.

Wenn du das nächste Mal die Übung wiederholst, schreibst du deine neuen Erfahrungen einfach dazu.
Auf diese Weise kannst du sehr gut feststellen, wie rasch sich Dinge verändern.

### *Mein Tipp*

Wiederhole diese Übung, sooft du magst. Auch wenn du dir anfangs vielleicht nicht sofort glauben wirst und die Sätze zu deinem Spiegelbild wenig Kraft besitzen. Aber du wirst schon bald immer mehr Dinge an dir entdecken, die dir gefallen. Schon nach kurzer Zeit wirst du auch beginnen, immer mehr deinem Spiegelbild zu glauben. Die Sätze werden kraftvoller. Du spürst, wie sich dein Eigenbild zu ändern beginnt.

Durch diese einfache Übung beginnst du dich mit dir selbst auszusöhnen.

Tausche die Sätze auch immer wieder aus. Sage zu dir: »Ich bin es wert, geliebt zu werden.« »Ich bin wundervoll.« »Ich bin offen für eine wundervolle Partnerschaft.«

Diese Übung hat nackt den besten Effekt. Gerade deshalb, weil wir uns mit unserem Körper nicht so einfach aussöhnen. Schließe deine Tür ab, mache sanftes Licht, zieh dich aus und betrachte dich mit einem wohlwollenden Blick.
Betrachte dich so, wie du es dir von einem Liebhaber wünschen würdest, und sage zu dir selbst: »Ich bin sexy.« Oder: »Ich bin begehrenswert.«

# Der liebevolle Blick

Jede Partnerschaft erlebt Höhen und Tiefen. Das wundervolle Gefühl von Nähe und Geborgenheit mit dem Partner geschieht stets in Wellenbewegungen. Wir nähern uns an und entfernen uns wieder. Wir fühlen uns nah und verbunden und dann wieder getrennt und distanziert.

Die wundervollen Phasen in einer Partnerschaft nehmen wir natürlich gerne entgegen. Aber wenn wir eine Talsohle betreten, dann hinterfragen wir die Partnerschaft und beginnen oftmals, daran zu zweifeln, ob wir tatsächlich den richtigen Partner gewählt haben.
Mit den Augen des Zweifels suchen wir dann nach Trennendem. Natürlich werden wir mit diesem Blickwinkel auch immer genügend Material finden, dass uns davon überzeugt, alleine wesentlich besser dran zu sein.
Der Blickwinkel entscheidet darüber, in welcher Richtung wir fündig werden wollen.
Wir könnten ebenso viele Dinge an unserem Partner finden, die uns wieder aussöhnen und einander näherbringen. Und genau dafür benötigen wir den liebevollen Blick.
Wenn wir uns jedoch in einer Talsohle befinden, dann haben wir oftmals keine Lust, unseren Stolz zu überwinden oder über unseren eigenen Schatten zu springen. Im Gegenteil:

Wir finden immer mehr Trennendes. Vor allem aber glauben wir felsenfest, im Recht zu sein.
Vielleicht sind wir das auch. Das Dumme ist nur, dass auch unser Partner davon überzeugt ist, im Recht zu sein. Auch er sucht nach Trennendem und auch er wird mehr als fündig werden.
Auf diese Weise wird die Talsohle innerhalb kürzester Zeit zu einer unüberwindbaren Schlucht, und keiner von beiden versteht mehr so recht, was ihn jemals dazu bewogen hat, mit diesem Partner zusammenzukommen.

> Betrachten wir die Welt, mit dem trennenden Blick wird die Kluft zwischen uns und den anderen immer deutlicher zutage treten.

Dabei ist es so einfach. Wir könnten unseren Blick jederzeit wandeln. Wir könnten ihn ein- oder ausschalten – wie einen Lichtschalter – und alles würde sich für uns ändern.

Als ich in der Schweiz ein Wochenendseminar abhielt, kam am ersten Tag ein junges Paar auf mich zu. Sie waren über 16 Jahre verheiratet gewesen, aber lebten gerade in Trennung: Sie bewohnten bereits getrennte Wohnungen und sahen keinen Grund mehr, zusammenzubleiben. Der Mann hatte jedoch meine Bücher gelesen und die Frau überredet, mein Seminar als letzte Chance wahrzunehmen.

An diesem Nachmittag machte ich eine Übung, die sie auf meinen Rat hin gemeinsam machen sollten.
Alle Teilnehmer sollten sich in Zweiergruppen gegenüber setzen und kein Wort reden. Sie sollten sich nur in die Augen schauen. Schweigend. Aber sie sollten dabei den liebevollen Blick einsetzen, und sich in Gedanken fragen, was mag ich am anderen.
Denn wenn wir uns nur in die Augen schauen, und zwar ohne den störenden Einfluss von Worten, dafür aber mit dem liebevollen Blick, beginnt irgendwann das Herz zu sprechen und es offenbart sich eine tiefere Wahrheit. Schon nach wenigen Minuten spürt man die große Nähe und auch tiefe Verbundenheit zu seinem Gegenüber.
Das Schöne daran ist auch, dass wir uns nicht länger alleine auf dieser Welt fühlen. Wir sind nicht länger von anderen getrennt. Wir spüren nur noch die reine Gegenwart von Einverständnis und tiefer Verbundenheit.
Die meisten Teilnehmer haben sich nach dieser Übung unglaublich viel zu erzählen. Viele nehmen sich in den Arm und fühlen, wie sie sich wieder öffnen und dem Leben zuwenden.
Das junge Paar jedoch verschwand nach dieser Übung. Auch am nächsten Tag bekam ich sie nicht mehr zu Gesicht.
Am Abend, nach dem Seminar, standen sie plötzlich völlig unerwartet vor der Halle und warteten auf mich. Sie wollten sich bedanken.

Sie hatten ihre Liebe zueinander wiederentdeckt. Sie hatten die Nacht zusammen verbracht und sich so viel zu erzählen gehabt, dass sie keine Zeit hatten, den zweiten Tag des Seminars wahrzunehmen. Sie waren überglücklich über ihre wiedergefundene Liebe.
6 Monate später bekam ich eine Mail. Sie lebten wieder zusammen und waren glücklich wie zu Beginn ihrer Ehe. Es war der liebevolle Blick, schrieben sie, der ihr Leben gewandelt hatte.

> Wenn wir einander schweigend in die Augen blicken, tauchen wir ein in den Fluss der Liebe.

Der liebevolle Blick verbindet. Er schafft Nähe. Und alles Trennende verschwindet aus unserem Leben. Für den liebevollen Blick benötigen wir auch nicht unbedingt ein Gegenüber. Die Wandlung erfolgt auch, wenn wir uns die betreffende Person nur bildlich vorstellen.

> Die größte Wandlung ist, dass wir durch diese Übung auch die Liebe in uns wieder erwecken.

Diese Übung öffnet unser Herz. Wir empfinden nicht nur andere, sondern auch uns selbst wieder als liebenswert.
Der liebevolle Blick ist der lauteste innerliche Ruf: »Ich bin offen und bereit für eine wundervolle Partnerschaft.«

# Übung: Der liebevolle Blick

Minute 1

Überlege dir, mit wem du gerne etwas mehr Nähe haben oder Trennendes auflösen möchtest, und schreibe den Namen oben auf die linke Seite.

Minute 2–5

Betrachte diese Person nun in Gedanken mit dem liebevollen Blick. Schließe dafür die Augen und stelle dir diese Person so real wie möglich auf deiner inneren Leinwand vor. Vielleicht lächelst du dabei. Sage in Gedanken: »Du bist ich und ich bin du. Ich liebe dich. Du bist wundervoll. Ich verstehe dich.« Beobachte dabei deine Gefühle.

Du wirst wahrscheinlich feststellen, dass sich bei dir, je länger du diesen Menschen auf diese liebevolle Weise betrachtest, immer mehr Verständnis und Mitgefühl entwickeln werden.

Minute 6

Spüre nun in dich hinein. Was hat sich für dich verändert? Bist du friedvoller, glücklicher, entspannter? Notiere dir deine Gefühle.

*Mein Tipp*

Mache diese Übung immer wieder, wenn du das Gefühl hast, dass sich Fronten verhärten oder du gerne mehr Nähe entstehen lassen möchtest. Setze den liebevollen Blick auch immer wieder in deinem Alltag ein. Betrachte Menschen in deiner Umgebung immer wieder auf diese wohlwollende Weise. Du kannst dies in der U-Bahn tun. Oder im Büro. Beim Spazierengehen, beim Einkaufen oder in einem Restaurant.

Machst du diese Übung öfter, wirst du rasch bemerken, wie sich dein Leben wandeln wird. Es ist so, als würdest du bei einer Suchmaschine eintippen: »Hier bin ich.«
Mit dieser Übung wirst du wieder sichtbar für alle, die sich ebenfalls nach der wahren Liebe sehnen.

Mit dieser Übung hören wir auf, zu suchen
– wir lassen uns finden.

Du kannst natürlich auch die Zweier-Übung machen.
Möchtest du gerne einen Streit beenden oder wieder Nähe zulassen, dann bitte doch einfach dein Gegenüber, sich mit dir für ein paar Minuten zusammenzusetzen – schweigend – und dir in die Augen zu sehen.

# Warum sollte man sich in dich verlieben?

Wenn wir die Liebe in unser Leben ziehen wollen, sollten wir uns selbst auch anziehend finden. Die Spiegelübung war eine sehr emotionale Übung. Jetzt wollen wir unseren Verstand mit einbeziehen, damit unser Selbstvertrauen auch auf dieser Ebene wieder zu wachsen beginnt.
Im ersten Buch »Der 6-Minuten-Coach – Erfinde dich neu« habe ich ziemlich genau beschrieben, wie unser Verstand funktioniert. Er arbeitet – wie ein Computer – nur Befehle ab. Befehle, die wir ihm geben.

Solange wir vorrangig unsere Mängel betrachten, glaubt unser Verstand, dass wir nur daran interessiert sind.

Er durchleuchtet dann nur diese Ebenen und bietet dir ganz viel von diesem Mangelmaterial an. Mit jedem Tag wirst du etwas Neues entdecken, was du an dir nicht magst.
Legen wir unser Augenmerk dagegen auf Ebenen, die uns bei unserer weiteren Entwicklung helfen und unseren Blickwinkel auf positive Anteile in unserer Persönlichkeit (die wir durchaus auch besitzen) lenken, wird von nun an dieser Aspekt anfangen zu wachsen. Wir gewinnen an Zuversicht

und Selbstvertrauen. Wir bilden all diese Wesensanteile, die wir vielleicht haben brachliegen lassen, immer weiter aus. Allein, weil wir unser Augenmerk darauf legen.
Schon bald können wir sie an uns selbst wahrnehmen. Und schon bald sehen andere ebenso diese Anteile in uns.
Und um unserem Verstand diese klare Richtung vorzugeben, haben wir eine sehr schöne Übung entwickelt.
Wenn ich sie in unseren Seminaren erkläre, beginnen die meisten zuerst, ungläubig zu lachen. Sie glauben nicht, dass sie diese Aufgabe erledigen können. Dabei ist die Anforderung ziemlich einfach: Finde 10 Gründe, warum man sich in dich verlieben sollte.
Auch wenn es sich so leicht anhört, schaffen die meisten auf Anhieb nur 3 bis 4 Punkte. Was NICHT so liebenswert an ihnen ist, darüber könnten sie seitenlange Listen ausfüllen. Kein Wunder, wurden wir doch von klein auf darauf getrimmt, selbstkritisch zu sein. Alles andere – so wurde uns gesagt – wäre überheblich, angeberisch oder großkotzig.

> So leicht sich diese Übung anhört,
> sie ist ein Meilenstein auf deinem Weg.

Denn wenn du beginnst, all die Dinge zu betrachten, warum man sich in dich verlieben sollte, dann gibst du deinem Verstand ganz bewusst den Auftrag, in die Richtung der Fülle zu blicken.

# Übung: 10 Gründe, warum man sich in dich verlieben sollte

### Minute 1–5

Schreibe mindestens 10 Gründe auf, warum man sich in dich verlieben sollte. Was ist toll an dir? Warum kann die Welt auf dich nicht verzichten? Auf welche Weise bereicherst du dein Umfeld?
Schreibe alles auf, was dir einfällt. Du kannst auch gerne mehr Gründe finden – Platz dafür gibt es genügend.
Schau einmal, wie viele Punkte du schaffst.

### Minute 6

Vereinbare jetzt mit dir selbst, weiter an dieser Liste zu arbeiten. Dazu schließt du kurz die Augen und gibst dir selbst oder deinem Verstand den Auftrag, nach weiteren Gründen zu suchen.
Zum Schluss kreuze noch einen Punkt an, den du gerne hervorheben möchtest. Dieser Punkt soll dir in den nächsten Tagen besonders im Gedächtnis bleiben.

*Mein Tipp*

Das Einzige, was es jetzt noch zu tun gilt, ist in den nächsten Tagen wachsam zu sein. Immerhin hast du deinem Verstand den klaren Auftrag gegeben, nach Gründen zu suchen, warum man sich in dich verlieben sollte.
Du wirst sehen, dass dir schon bald noch mehr Gründe einfallen. Du wirst bemerken, wie du alleine schon beim Gedanken daran zu lächeln beginnst, denn diese Frage kitzelt deine Freude am Verliebtsein wieder hervor.

Wichtig ist nur, dass du dir sofort aufschreibst, was dir in den Sinn kommt. Denn das Tagesbewusstsein ist so etwas wie der Arbeitsspeicher deines Computers. Es behält Informationen nur 40 Sekunden im Gedächtnis. Danach erlischt es wieder. Und du weißt, wie schwer es ist, sich wieder daran zu erinnern. Wie oft hattest du eine Idee und weißt aber nicht mehr welche? Obwohl sie doch so brillant war.
Besser ist es, alles, was von nun an in dein Bewusstsein kommt, sofort zu notieren.
Und nutze deine mentale Kraft. Gehe immer wieder gedanklich in diese Gründe hinein und erlebe sie mit allen Sinnen. Je klarer du sie vor Augen hast, desto unwiderstehlicher wirst du in deiner Anziehungskraft für einen neuen Partner.
Charisma kann man lernen – du bist auf dem besten Wege!

# Der Liebesbrief

*Alles fängt mit Selbstliebe an –*
*wenn du dich selbst zu lieben und zu akzeptieren beginnst,*
*dann werden sehr bald auch die anderen*
*in dir erkennen, wie wertvoll du bist.*

Um die Liebe zu sich selbst wiederzuerwecken, ist diese Übung eine zauberhafte Hilfe.
Erinnerst du dich, als du kleine Liebesbeweise bekamst? Notizen am Eisschrank, ein zärtlicher Anruf, ein Stück Schokolade in Herzform, eine Mail oder SMS? Vielleicht sogar einen Brief, der dir zeigte, wie wertvoll du bist, wie außergewöhnlich, wie liebenswert?

Nun. So einen Brief kannst du wieder erhalten. Denn es gibt jemanden, der dich unglaublich lieb hat und dich sehr genau kennt. Und dieser Jemand schreibt dir heute einen Brief. Einen ganz besonderen. Einen Liebesbrief. Ja. Genau. Dieser Jemand, das bist du.

Jetzt machst du etwas für dich völlig Neues: Du schreibst einen Liebesbrief an dich selbst.
Wie würdest du an dich schreiben, wenn du dir sagen möchtest, wie toll, wie wundervoll, wie außergewöhnlich

und einzigartig du bist? Wie wichtig du für dein Umfeld und die Welt im Ganzen bist? Was würdest du gerne über dich lesen wollen? Was möchtest du gerne über dich hören? Welche Betrachtung, welche Komplimente, welche Schmeicheleien würden dich perfekt beschreiben und tief berühren?

Gestalte für dich, bevor du anfängst zu schreiben, ein kleines Ritual. Mache es dir gemütlich, lege deine Lieblingsmusik auf, zünde eine Kerze an – mache dir diesen Zeitrahmen, in dem du deinen Liebesbrief schreibst, zu etwas Besonderem. Vielleicht hast du Freude daran, ein besonders schönes Briefpapier zu verwenden.
Du kennst dich selbst am besten – dieses Mal bist du die Hauptperson deiner Gedanken und Gefühle.

Was würdest du schreiben, um dein Herz zu gewinnen?
Niemand außer dir wird diesen Brief zu sehen bekommen, deshalb kannst du ganz frei formulieren.

# Übung: Der Liebesbrief

Minute 1–5

Jetzt schreibe deinen Liebesbrief.
Gib dir selbst das, was du dir schon immer gewünscht hast, dass jemand in deinem Leben erscheint und deine wahren Qualitäten erkennt, dich an die Hand nimmt und dir sagt, wie wertvoll du in Wirklichkeit bist.
Verliebe dich in dich. Sage dir, was so wundervoll an dir ist. Und warum du dich glücklich schätzt, in deiner eigenen Nähe zu sein.

Minute 6

Jetzt steckst du diesen Brief in einen frankierten Briefumschlag und klebst ihn zu, damit du ihn in den nächsten 3 Wochen nicht mehr lesen kannst. Denn abschicken wirst du ihn erst, wenn du vergessen hast, was drinsteht.

### *Mein Tipp*

Schicke den Brief wirklich erst in 3 Wochen los, denn jetzt weißt du noch, was du geschrieben hast.
Halte dir diesen Termin im Kalender fest oder lege den Briefumschlag so auf deinen Schreibtisch, dass du immer wieder daran erinnert wirst.
Denn schon nach wenigen Tagen wird der Alltag dich wieder so in Beschlag genommen haben, dass du dir nicht mehr so sicher bist, was du an dich selbst geschrieben hast. Nach 3 Wochen wirst du vielleicht schon vergessen haben, dass du ja einen Brief an dich abschicken sollst. Viel zu viel ist inzwischen passiert.

Wenn der Brief dich dann erreicht, behandle ihn als etwas sehr Wertvolles. Öffne ihn nicht einfach nebenher im Wohnungsflur oder im Treppenhaus.
Diesen Brief hat jemand geschrieben, der dich liebt.
Je mehr Wert du diesem Brief schenkst, umso mehr Wert wird er für dich erhalten.
Schließlich bist du es wert, geliebt zu werden.

# Was schenkt das größte Vertrauen?

Kommen wir zurück zu unserer Frage am Anfang des Buches. Welcher Satz schenkt dem Partner das größte Vertrauen?

Auf meiner letzten Deutschlandtour hatten die Besucher ziemlich viele Antworten gefunden. Aber kein einziges Mal die gesuchte Antwort. Es gab alles Mögliche:
»Ich liebe dich, ich mag dich, ich will mit dir alt werden, ich bin treu, ich brauche dich, ohne dich kann ich nicht mehr leben, du bist das Größte für mich …« Alles Mögliche war zu lesen. Aber nicht diese Worte, die Paare so gerne hören wollen.
Hier ist er, der alles rettende Satz:

»Du hast recht.«

Das ist alles, was wir brauchen. Wir wollen die Bestätigung bekommen, dass wir in Ordnung sind, dass wir einen Beitrag leisten, Gehör finden, etwas Gutes sagen, die richtigen Ideen haben.

Und weil bei jedem, der es ein paarmal ausprobiert hat, sich alles zu verändern beginnt, solltest du es auch einmal machen.

Selbst wenn der Satz »nur so« gesagt wird, wird er dennoch seine Wirkung entfalten.

Als ich diese Untersuchung gelesen hatte, begannen Michaela und ich – zunächst aus Lust und Laune heraus –, diese Redewendung zu benutzen – und tatsächlich, es funktionierte!
Selbst wenn wir Meinungsverschiedenheiten hatten und der andere die Diskussion mit einem einfachen »Du hast recht« beenden wollte, entfaltete dieser Satz seine beruhigende Wirkung.
»Du hast recht« hatte noch mal eine neue Dimension in unsere Partnerschaft gebracht.

»Du hast recht« ist der beste Dünger für die Liebe.

## Nun sind wir einen weiten Weg zusammen gegangen

Den gleichen Weg bin auch ich gegangen.
Als ich begann, alle diese Übungen für mich zu entwickeln, wusste ich noch nicht, dass auch viele andere Menschen davon profitieren könnten.
Ich wusste erst recht nicht, dass eines Tages daraus ein Buch entstehen würde.

Nun sind wir also mit dem Buch und den Übungen diesen Weg gemeinsam gegangen. Wir haben uns betrachtet. Wir waren ehrlich zu uns selbst. Wir haben uns gewandelt. Wir haben uns geöffnet. Den gleichen Weg bin auch ich gegangen.

Das größte Geschenk dieser Arbeit war Michaela. Ich hatte zu Beginn meiner Reise nicht gedacht, dass mir dieses Geschenk des Lebens noch einmal zuteilwerden würde.
Aber als ich offen und bereit für die wahre, große Liebe war, tja, dann kam sie …
War sie schon damals meine Seelenpartnerin? Nein. Und ja! Denn wir hatten beide den Mut, uns dazu zu entwickeln. Ich selbst musste mich ja auch erst zu der Qualität eines Seelenpartners entwickeln.

Danke Michaela, für alles, was du für mich bist …

# Wenn wir die Liebe überfordern

Und noch eine Bitte: Suche nicht den perfekten Partner. Das bedeutet nur, dass du ebenfalls perfekt sein musst. Bist du das?
Na eben. Wer ist das schon?

> Suche nicht den perfekten Partner,
> suche den Menschen, der »gut genug« ist.

Wähle einen Partner, der dir guttut. Denn die anfängliche Leidenschaft lässt nach. Das »Guttun« bleibt.
Wenn wir nach dem perfekten Partner suchen, dann führt die Partnersuche zu Erfolgsdruck und Stress. Selbst wenn wir jemanden gefunden haben, der unser Leben verschönert, suchen wir insgeheim noch weiter, da wir glauben, dass der wirklich perfekte Partner noch immer draußen herumläuft.
So lange wir die Projektion vom perfekten Partner aufrechterhalten, werden wir nie ankommen. Genau dies bestätigen auch amerikanische Sozialwissenschaftler,[10] die festgestellt haben, dass, obwohl viele Menschen bereits verheiratet sind oder sich in einer festen Bindung befinden, sie ihre Partnersuche insgeheim fortsetzen. Die moderne Psychologie kam zu der Erkenntnis: Würden wir weniger von der Liebe erwarten, würden wir wesentlich mehr erhalten!

## Über den Autor

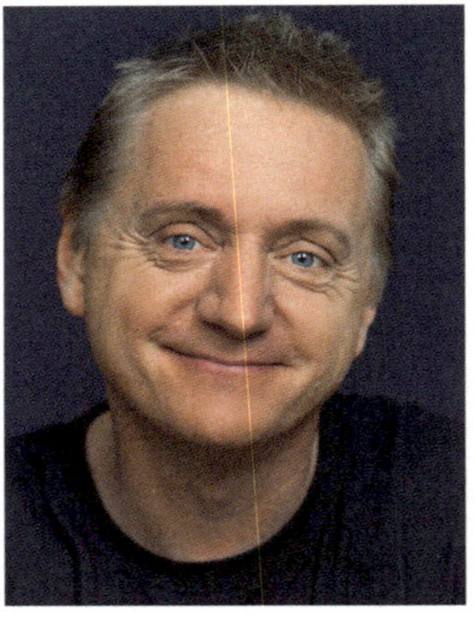

**Pierre Franckh** gehört mit einer Gesamtauflage von über 2,5 Millionen Büchern, CDs, DVDs und Kalendern zu den erfolgreichsten deutschen Autoren. Seine Bücher sind in 21 Ländern erschienen. Pierre Franckh hält Vorträge auf der ganzen Welt und gibt Seminare vor ausverkauften Häusern. Als Mental-Trainer und Motivationscoach ist er in der Wirtschaft tätig, ebenso als Ausbilder für viele Ärzte, Kinesiologen und Heilpraktiker. Nach seinen Regeln und Anweisungen haben unzählige Menschen ihr Leben verändert.

Weitere Info unter: www.pierre-franckh.de

## Online-Test

**Bist du bereit, die wahre Liebe zu finden?**

Mache den großen Online-Test auf:

www.pierre-franckh.de/online-test

Und erfahre, welche Übungen am besten zu dir passen – auf dem spannenden Weg zu deinem neuen Selbst!

## Was motiviert euch?

Ich freue mich über jeden Impuls oder eine Erfolgsgeschichte von euch.

Wenn ihr mögt, könnt ihr eure persönlichen Erlebnisberichte oder Motivationstipps an info@pierrefranckh.de mailen.

Wer auch meinen 14-tägigen Newsletter beziehen möchte, kann sich gerne auf meiner Homepage eintragen oder mir eine kurze Mail schicken. Der Newsletter ist natürlich kostenlos.

www.pierre-franckh.de

## Wochenendseminare

Das Eingehen auf persönliche Fragen und Anliegen während des Seminars kann einen tieferen Einblick in die eigenen Verhaltensweisen geben und Möglichkeiten aufzeigen, wie man aus dem Kreislauf der einengenden Muster aussteigen und neue Lebensqualität gewinnen kann.

Die Termine für die Seminarreihen: *Erfinde dich neu, Beruf & Berufung, Liebe & Partnerschaft, Ziele definieren & Visionen leben* etc. findest du auf: www.pierre-franckh.de

## Coach-Ausbildung

Die Ausbildung zum Coach mit Pierre Franckh richtet sich an alle, die als Coach arbeiten möchten beziehungsweise beabsichtigen, dieses Training in ihr bisheriges Beratungsangebot zu integrieren.
Mit dieser umfassenden Ausbildung erhältst du genau das Handwerkszeug, um Menschen umfassend zu unterstützen.

www.pierre-franckh.de
oder Seminarorganisation Wolfgang Gillessen
Tel. 089/68070702
E-Mail: wgillessen@t-online.de

# Quellenverzeichnis

1 – Seite 26: Roland Weber: *Navigieren auf Sichtweite. Ein Handbuch für die Praxis.* Klett-Cotta: Stuttgart, 2012.
Roland Weber: *Wenn die Liebe Hilfe braucht. Das Partnerschaftsbuch.* Klett-Cotta /Leben!: Stuttgart, 2007.

2, 3, 4 – Seite 56: Psychologie heute kompakt 2012/31.

5 – Seite 57: Pierre Franckh: *Das Gesetz der Resonanz.* Koha Verlag: Burgrain, 2008.

6 – Seite 59: Markus Schaer: *Das Früher im Heute. Liebespaare und ihre Herkunftsfamilien.* Asanger: Kröning, 2012.

7 – Seite 69: Studie nach Schneewind & Wunderer.

8 – Seite 79 und 9 – Seite 88: Pierre Franckh: *Glücksregeln für die Liebe.* Koha Verlag: Burgrain, 2004.

10 – Seite 175: Psychologie heute kompakt 2012/31.